彭慧胜 ◎著

读研究生，
你准备好了吗？

- Are you
- ready
- for
- graduate school?

复旦大学出版社

前言

2013年,笔者授命开设面向复旦大学全校博士生和硕士生的"科学研究导论"课程,主要针对博士和硕士一年级新生,介绍不同学习阶段需要掌握的科学研究的基本知识和基本技能。在上课过程中发现,虽然海外有一些介绍如何读好研究生的书籍,如 *Supervising the Doctorate: A Guide to Success*(中文翻译本《给研究生导师的建议》,北京大学出版社)、*The Unwritten rules of PhD Research*(中文翻译本《给研究生的学术建议》,北京大学出版社)、*How to get a PhD*(中文翻译本《怎样获得研究生学位》,中国人民大学出版社)等,但是这些书籍主要面向欧美的研究生培养体制,与中国研究生教育的真实情况有一定差异。而且,上述书籍的作者主要从事社会学方面的研究工作,他们的很多建议对于从事自然科学的研究生们并不完全适用,对自然科学学习和研究的一些内容也缺乏深入系统的介绍。因此,为了上好这门课程,笔者基于自己指导研究生的一些经验积累,每周都花费大量时间备课,也有了更多的感想和感悟。

另一方面,笔者热爱科普工作,除了向公众介绍最新的科学进展,也经常面向研究生群体甚至高年级本科生,讲授科学研究的一些规律和方法,得到了青年学子们的积极响应,有些报告在网上和微信中广为传播。比如,2010年笔者所做的"如果再读一次研究生"报告,每年都被一些学习网站和微信平台推送介绍,一个微信平台的阅读量就突破了10万次。笔者最近几年也收到了校内外研究生们的大量来信,希望把这些素材系统整理出来。过去几年还经常收到诸多出版社和编辑的热情邀请,大家都希望把这些材料集结出版,让更广泛人群受益。

从2015年开始,笔者陆续整理"科学研究导论"的课程资料,并参考了更多书籍进一步完善成本书,力图通过最简洁的文字,阐述研究生期间需要理解和精通的技巧与方法,包括读研究生的意义、选择导师、阅读写作、学术报告、学术规范、人际关系、汇报答辩、职业规划等重要主题,并努力给出可操作的具体建议。

如果你打算或已经开始攻读研究生学位,那么本书正是你需要阅读的。请注意,这里的研究生学位包括博士生和硕士生。在欧美国家,博士和硕士有质的区别,博士学习的时间和要求远远超过硕士。在中国,二者更多是程度上的差异。所以,本书主要适用于国外的博士研究生而非硕士研究生,适用于国内的博士和硕士研究生。本书对于刚刚获得教职的青年导师,同样具有一定的参考价值;对于资深的研究生导师,或许在一定程度上也能有所帮助。

很多老师就本书出版发表了真知灼见,这里作者要特别感谢江明院士在第九章关于学术道德与学术规范中所提供的重要帮助!也特别感谢课题组孙雪梅、张波、王兵杰、陈培宁、马原蔚等老师在本书写作过程中给予的长期协助!感谢全体课题组博士后、博士生和硕士生的阅读校稿,其中张晔、付雪梅、周旭峰、唐成强、何添壹等多位研究生还对多个章节内容进行了扩充,使得每个章节尽量涵盖更丰富的信息。

由于作者学识水平与能力有限,必然存在一些疏漏和不当之处,恳请广大读者批评指正。

彭慧胜

2019年4月于复旦江湾校区

目 录

前言 ································· 1

第1章　为什么读研究生 ················· 1

第2章　如何选导师 ····················· 14

第3章　做好准备 ······················· 29

第4章　设计新课题 ····················· 36

第5章　规划与实验 ····················· 47

第6章　合作与交流 ····················· 64

第7章　失败与调整 ····················· 84

第 8 章	如何撰写学术论文	92
第 9 章	如何发表学术论文	114
第 10 章	如何作学术报告	134
第 11 章	学术道德与学术规范	157
第 12 章	学位论文与答辩	178
第 13 章	就业与发展	209

参考资料 ································ 225

第一章 为什么读研究生

> Learn from yesterday, live for today, hope for tomorrow. The important thing is not to stop questioning.
>
> ——Albert Einstein

一、研究生读什么

1. 研究生与本科生的差异

很多人读完大学后,也许还会认为进大学的主要目的是学习知识。这种想法不全面,容易误导大家。虽然学习知识对于一个人的成长和发展非常重要,但人类最重要的能力是获得学习新知识的方法,这可能是大学学习的更重要的目的。因此,掌握学习的方法,特别是自学的方法尤为重要。常有学生抱怨老师教得太浅太少。这种情况确实存在,在当今中国甚至具有一定的普遍性,本书暂不探究其中的原因。但换个角度思考,俗话说"师父领进门,修行在个人",任何老师的讲课都不可能满足所有学生的求知愿望。所以,一个优秀的学生应当也非常有必要自己主动去探究更多的科学和人文知识,也完全有能力做到这一点。

虽然应该重点掌握学习新知识的方法,但在本科和研究生阶段,其侧重点又不一样,所以有必要首先了解其差异,然后才能做出更合适的选择。接下来借鉴偶然间看到的一个比喻(据说来自犹他大学 Matt Might 教授),如下图所示,来形象比较不同学习阶段的特点。

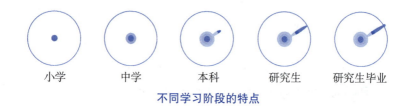

不同学习阶段的特点

如果用一个圆来界定人类所有的知识,圆的内部代表已知,外部代表未知。我们在小学学到一些最基本的知识,中学又多学到一点。大学时期,不仅有了更多的知识,而且不同于小学和中学,有了一个专业方向。到了研究生阶段,则要求大量查阅文献,接触到本专业最前沿的领域,这是目前人类已知知识的极限。那么,研究生到底要干什么呢?研究生必须在专业领域中选择某个特定的点作为主攻方向,深入钻研。这个点就是研究课题,需要与导师探讨并通过各种方案来逐步确定。接下来需要在这个方向有所作为,也就是说,突破这个点,把人类的知识向前推进一步。因此,在 3 年或 5 年的时间里,研究生需要对这个点进行长期的思考,找到突破口。要指出的是,虽然导师可以提供很多指导和帮助,但导师也往往不知道突破口究竟在哪里。因此,研究生需要具备独立思考和独立工作的能力。突破的这个点越大,说明读得越成功。当然,研究生还有其他很多的目标,但这个突破是核心。

总结研究生和本科生的本质区别:本科生主要是学习知识,而研究生是学习创造知识。由接受知识到创造知识,是研究生学习的最大特色。创造性地研究,除了需要具有较强独立思考和独立工作的能力,开阔的视野、扎实的基础和勤奋的工作也都是必不可少的。

2. 做思想准备

从普适的角度看,人们对不同阶段的学位有明确的界定,下面从历史背景入手,介绍在英国高等教育体制是如何对它们提出要求的。

学士学位在传统上意味着,已经接受了普通教育,初步掌握了本领域的基本专业知识。

硕士学位是一个从业执照,即 license of practice。它最初是从事神职的资格,表示可以在教堂谋职。但是现在,所有学科都有了硕士学位,获得硕士学位表明已经掌握了相关专业领域里的高级知识。

博士学位是从事教职的执照,它意味着可以做大学教师了。当然现在拿到博士学位,并不一定要在大学里教书。因为除了学术研究岗位以外,博士还可以从事其他很多职业。事实上,绝大部分博士现在都不在大学里工作,更多的是进入了工业界。但是,毫无疑问,博士学位仍然是获得教职的敲门砖。具有博士学位,往往告诉人们,在自己的专业领域享有某种权威。博士学位还具有较高的荣誉性,当然难度和要求也就更高,需要学会多种方面的技能,最终成为一名完全专业的研究人员。

决心攻读博士学位,有很多种理由。立志在感兴趣的领域里做出重大贡献,是大家最常见的一个目标。大家的理想是献身于研究事业,拓展知识领域,有朝一日成为整个领域内做出重大贡献的专家。在这种情况下,往往是大家已经在本科阶段就已经初步了解甚至比较熟悉某个研究方向,希望在这个方向获得突破性进展。也有些研究生，只是通过获得博士学位来增加找到好工作和赚更多钱的机会。当然大家都知道，光有博士学位是达不到上述目标的，所以都会努力去学习各种技能和方法，最终能够名副其实。

不管出于何种理由，随着学习的不断推进，很多研究生，包括那些满腔热情立志做出一流研究成果的，也改变了他们先前谈论读博士学位的态度。到最后，大家的目标可能大大缩水，即能拿到博士学位就行了，成为一个不得不完成的任务。了解这个变化过程，可能完全不同于本科阶段的学习过程，有利于大家做好心理准备，以及思考是否应该去读研究生和如何更好地读研究生。

显然，大家都知道研究生学位对于自身发展的重要意义。纯粹从功利主义的角度来看，研究生学位是一个权威的资质证明，表明研究能力可以胜任某大学或研究机构的教师职位，有博士学位当然最好不过了。如果想在工业界找到一份体面的研究工作，这个研究生学位也非常有帮助。尤其是博士学位在全世界都得到认可，而且具有相当大的影响力。也就是说，一个国家的博士到另外一个国家都能得到认可，有利于大家在各种跨国公司找到满意的位置。此外，拥有一个博士学位通常可以获得更高的薪酬收入。

考虑攻读研究生学位的人主要分为两类。第一类人明确知道自己追求什么，按照计划好的路线前进，他们有时也会感到沮丧甚至绝望，但最后都顺利拿到了硕士或博士学位，并且取得了优异的研究成果，为下一步目标打下了扎实的基础。第二类人则是多数研究生的情况，他们因为各种非学术原因，如获得更高的薪酬或者临时就业困难，跌跌撞撞地闯进来，在数年里很茫然地徘徊，因为低估了研究生学习的难度经常陷入沮丧甚至绝望的境地。虽然绝大部分最后也都拿到了学位，但往往筋疲力尽。毕业后，可能仍然继续徘徊，因为还是不知道接下来应该做什么。本书对这两类人群都很适用，以提高攻读学位的效率和质量。

二、怎样读研究生

一旦选择读研究生,很有可能以后走上研究的道路。研究可能是在大学和研究所,也可能是在工业界。但不管在哪里,研究生学习毫无疑问是研究生涯的起点。这个起点非常重要。我们经常看到广告里说,"不要让小孩输在起跑线上",虽然不完全对,但也有一定的道理。英国旅行家 Jamie Rooney 在南非 Kruger 国家公园旅游,他看到一群毛毛虫排队过马路,然后拍到了下面的图片。他仔细跟踪了整个过程,发现一个非常简单而有趣的规律:第一只毛毛虫至关重要,因为无论它走到哪里,其他的毛毛虫都紧跟着它;如果它选择的路线是对的,则一切顺利;如果是错误的,就很危险,有可能导致全军覆没。

自然界中第一步的重要性

(1) 必须充分意识到研究生基础学习的重要性　上述自然界的规律,很多时候也适用于社会科学,适用于一个人的事业发展。

如果在研究生阶段就打下坚实的基础,形成良好的思维习惯,按照科学发展规律高效率地从事研究工作,就很有可能在以后的研究道路上取得重要突破。事实上,回头看看科学史,很多著名科学家在研究生阶段就展现出从事一流研究的潜力。因此,我们也不难得出一个结论:优秀是一种习惯。从科研起步即研究生的时候开始,每一步都走扎实,基础牢固,逐步取得更多更好的成绩,慢慢地,成功就变成一种习惯了。你也会越来越自信,并最终可能取得重大的突破。自信是一个不断积累的过程,成功的时候,自然变得有信心,不断的成功强化了信心。而且,这种自信反过来也可以感染身边的人,让他们看到希望和成功。当身边的合作者都变得自信,你更容易获得成功。如果没有自信,丧失希望,就很有可能早早放弃。

(2) 必须勤奋地工作　有了扎实的基础,在养成优秀的习惯的同时,勤奋地工作是读好研究生的必要条件。"书山有路勤为径,学海无涯苦作舟"绝不仅仅是一句口号,勤奋刻苦是通往成功的必经之路。尤其是研究生,在年轻的时候更应该多努力,做的工作多了,自然有更多的机会去创造新知识。沃森和克里克年轻的时候开始致力于 DNA 分子结构的研究,在很长一段时间里,他们面临着来自各个方面的冷嘲热讽,承受着工作上和生活上的重重压力,在极其困难的条件下努力工作。两个人在生活上相互关心,精神上相互鼓励,学术上相互补充,努力激发对方的灵感。他们基于 X 射线衍射图,成功建构出 DNA 的精确模型,终于揭开了 DNA 双螺旋的结构奥秘,研究成果于 1953 年 4 月发表在《自然》杂志上,当时沃森年仅 25 岁,而克里克也才 37 岁。1962 年,他们和威尔金斯分享了诺贝尔生理学或医学奖。

科研是一项清苦的工作,失败的次数远远大于成功的次数,努力工作是提高成功率的必由之路。在当今功利社会中做研究,必须经受各种考评带来的压力,因此静下心来踏踏实实做工作,则显得尤为不易。需要我们不断调整自己的状态,能够高效率地勤奋工作,这也是现在读好研究生必须具备的重要能力。

(3) **具有开阔的视野**　书读百遍,其义自见,阅读是研究生的基本功,是开阔视野的有效途径。研究生需要阅读和整理大量的材料,从中梳理出有学术价值的内容,这是一个厚积薄发的过程。只有通过大量的阅读,才能熟悉和了解自己所在领域的研究状况。当然,阅读时也应注意学习方法,比如最好把本领域代表性人物的代表性工作都研读清楚,这样能够比较有效地了解本领域最前沿的学术信息,很快获知相关研究热点。带着问题和目标去查阅文献,不仅要了解别人做了什么,还要思考别人没做什么。带着批判的眼光去阅读文献,不盲从文献,不断思考和质疑文献还有哪些不足。"学而不思则罔,思而不学则殆",二者结合起来,才能达到最好的效果。

学术讲座是开阔视野的另一个有效途径。与阅读文献不同之处在于,学术讲座能在很短的时间内系统地反映出某个科学家的研究成果,能够更加生动地传递相关研究的前因后果;学术讲座往往提供了研究人员最新的工作进展,有些数据可能还没有发表。因此通过学术讲座,我们可以很快获悉本领域的最新动态。有些学术讲座尤其是著名学者的讲座,报告人会总结自己的研究心得和独到见解,有的甚至是他一辈子的研究体会。因此,近距离接触著名科学家,感受他们的学术品味,可以大大提高自己的学术鉴赏力,有利于形成自己的学术思想和学术风格,从而可能做出原创的研究成果。

(4) **独立思考是必不可少的要素**　如何做出创造性的研究成果?最重要的就是必须独立思考,不要人云亦云。一方面,学习和借鉴资深学者尤其是著名学者的智力成果;另一方面,不要盲目相信文献和权威,要带着疑问去学习和工作。爱因斯坦曾说过:"不是把专业知识放在首位,独立思考和学会工作才是更重要的。"华罗庚也有类似的论述:"科学的灵感不是凭空而来的。"在质疑和思考的过程中,容易产生新的想法。如果只是盲从他人,跟风做研究,就很难做到一流。

物理学家 Andre Geim 就是一个很好的榜样。在他研究刚刚起步的时候,碳纳米管非常热门,但他不盲从热门的研究方向,果断选择去开辟全新而未知的领域,并且做好了面对巨大困难和挑战的充分准备,即使遭遇嘲笑讽刺也不轻易放弃,最终与 Konstantin Novoselov 一起发现了二维晶体的碳原子结构,也就是著名的石墨烯,获得了 2010 年诺贝尔物理学奖。

费曼是美国著名的理论物理学家,他 1942 年获得博士学位后进入洛斯阿莫斯国家实验室工作,参加了曼哈顿计划。费曼刚去这个国家实验室时只是个小角色,当时波尔经常会来指导工作。每次开会别人都是点头附和波尔,没有任何异议。唯独费曼有时会摇头表达不同意见,波尔因此注意到费曼并请他单独谈论,发现了其突出的科学才华,后来每次开会前都先跟费曼单独讨论,然后再开大会宣布决定。1965 年费曼因在量子电动力学方面的贡献,与施温格、朝永振一郎共同获得诺贝尔物理学奖。不盲从权威、独立思考的重要性不言而喻。

爱因斯坦曾说:"If we knew what we were doing, it wouldn't be called research, would it?"如果你明确知道你的工作结果是什么,往往很难得出一流的成果。如果去看看科学史,很多一流的研究,是科学家对于某个未知领域的好奇心而取得的。因为没有足够可供借鉴的资料和信息,科学工作者必须具有很强的独立思考和独立研究能力,从大量失败的数据中找到规律,解决重要的科学难题或开创全新的研究方向。

杨振宁认为,要成为一流的学者,必须形成自己的 taste 和 style。根据我的理解,taste 和 style 可翻译为品味和风范。他认为,taste 在我们读研究生之前就已经形成了,而 style 则可以在研究生阶段培养,形成之后则受益无穷,它是把你和别人区分出来的标志。就我自己的思考和体会,对于研究工作,学术的 taste 虽然受过去生活的影响很大,但主要应该在研究生阶段开始萌芽并逐步提高。如果在研究生阶段就初步形成独特且与众不同的 taste,能够经常发现别人难以想到的创新想法,对于以后做出世界一流的工作至关重要。研究 style 的形成更是直接受益于研究生学习,根据自己的性格,在研究过程中找到最适合自己的方式和方法。无论是形成 taste 还是 style,都需要自己不断地独立思考,琢磨自己的特点和优势,有意识地去积累。

须指出的是,独立思考是从事一流研究的有效方法,最终目标是形成新的思想体系,主要包括科学思想和哲学思想两个方面。思想比知识更重要,这些新思想可以提高人们对大自然的认识,促进经济和社会的发展。对大部分学者来说,研究生是形成新思想的起点,那么如何有效培养独立思考的能力呢?粗浅的理解,就是要学会经常提问。提出高质量的问题并不是一件容易的事情,所以爱因斯坦说,提出问题比解决问题更重要。另一方面,能不能提出问题,也反映出有没有在独立地思考。

简而言之,在研究生学习和工作过程中,失败的次数总是远远大于成功的次数,所以必须始终对要做的事情充满信心,努力朝着目标前行。扎实高效、勤奋努力地工作,形成良好的习惯。不断开阔自己的视野,学会独立思考,才能做出一流的研究。什么是一流的研究?一个比较容易但不一定很全面的标准,就是在从事的研究领域,在某个方面第一个发现或做到了,也就是现在人们常说的创新,并且这个创新对我们的认识或社会的发展能够产生重大而积极的影响。

须指出的是,虽然从事研究是研究生学习最重要的部分,但它不是人生的全部,我们要学会享受研究,而不是被动地去做事情,这样才能持之以恒,在困难和失败面前不放弃。如何去享受研究,不同的人有不同的理解，采用的方式也不尽相同，但有一点可能是相通的，就是不断取得成功。对于研究生，这些成功体现在发表高水平论文，发展的技术被工业界采纳做成产品，调研的社会学样本被政府采用，等等，甚至只是获得不错的奖学金。这些成功会得到导师、家人和朋友的热情支持，让你感觉良好，会激励你更加热爱自己的工作，促进你做得更好。追求卓越并不断取得成功，就是一个充满喜悦和分享快乐的过程。

三、为什么读

以上阐述了研究生读什么，以及怎样读的问题，接下来我们回归到最本源的问题，为什么要读研究生？是为了进入好的公司？还是为了找份好的工作？

随着大学的扩招，大学毕业生的人数也在逐年增加，就业难成为大学毕业生面临的切身问题，考研便成为缓解就业压力的一条有效途径。这意味着一些研究生可能一开始只是为了缓解就业压力而读研，并非因为真正喜欢学术而读研。这类研究生在读研之后缺乏从事学术研究的兴趣与目标。当然，大部分研究生是因为大学时代追逐的学术理想。本科教育基本是通才教育，研究生才是通向学术工作的第一步。本科阶段主要是教会我们基本的专业知识，这个阶段的课程大多会比较宽泛，往往是面广而深度不够。研究生阶段主要培养的是科学研究能力，使我们能在某一个领域或某一个方向深入下去，从而对该方向能有清晰的认识、准确的把握和深刻的理解，掌握相关的知识和技术，并具备进一步技术开发或学术研究的能力。

读研期间需要经常自我追问：为什么要读研？如何来读研？这是三年或五年研究生阶段必须考虑的事情。这种追问或反思可以促使自己在读研期间保持良好的心态与研究状态。读研期间没有学到该学的东西,过得不愉快,是会影响一生的。如果过得愉快,你会很乐观,会很自信,会很正面地去看待很多事物。在工作和与人相处时,总是很正面地思考问题,会更容易成功。反之,如果总是挑别人的毛病的话,不仅很难跟别人相处,也很难把事情做好。如何在研究生期间最大程度地学到想学习的东西,至少得知道目标是什么,然后知道怎么去实现这一目标。

四、去哪里读

读研期间还必须考虑未来的人生选择,要想清楚毕业之后要做什么:是参加工作,还是继续进修?事实上,这个问题在开始读研的时候就要考虑,并要结合兴趣和人生理想来认真准备。如果不打算继续从事学术研究,只是想在毕业之后参加工作,那么读研期间可以参加一些社会兼职或实践,并多发表几篇论文,可以增加求职的筹码。如果打算从事学术研究而希望继续进修,如读博或出国留学,则应该尽早着手准备。

如果在本科毕业后考虑读研究生,应当就两个重要的问题找到满意的答案。

第一,选择的研究领域是今后三年甚至更长时间里非常感兴趣,并且必须全力以赴的。很多研究生在学业上无所作为,一个重要原因是丧失了继续研究的兴趣或信心。

第二,就读的大学或者研究机构在社会上具有一定的知名度,并且重视研究生教育。在联系的时候,要毫不犹豫地询问这些方面的情况。要尽量收集所有资料。现在网络如此发达,可以很方便获取专业基本情况、研究水平、特色方向、校友情况等。然后再评估一下,是否符合你的目标和兴趣。最后,如果可能,最好找目标专业现在就读的研究生们谈谈,听听他们的评述,更有利于做出正确的选择。

如果决定入学,就必须对以下两个方面感到乐观才行:一是这个研究机构是否适合你;二是这个研究领域是否适合你。如果同时被几个研究机构录取,那就有更大的选择余地,但仍然需要重点比较上述两个方面。一个不错的建议是,一旦把选择范围缩小到了几个有吸引力的研究机构,就可以联系一些人包括教授,他们最后可能从所在院系的实际情况出发来讨论你的未来计划,你可以通过邮件、电话甚至拜访面谈,来收集详细的信息。

做了这些事情以后,最紧迫的事情就是把感兴趣的研究领域进一步细化。换句话说,要反复思考研究兴趣,这些兴趣可能跟某个机构的哪些导师比较相关,这些导师的学术水平如何,有没有比较优秀的毕业生。这些导师的实验室是否有足够的经费和研究设备,如果没有,是否有其他渠道来方便获取。

如果你想读非全日制研究生,如学术博士,在部分研究机构是可以的,但比例非常少,需要尽快了解清楚。学术硕士几乎不可能。工程博士、工程硕士或其他专业硕士学位现在在中国越来越多,相对来说机会比较多,虽然总体数量仍然远低于学术博士或学术硕士。非学术类型的研究生学位都有一些特殊的要求,而且每个研究机构要求不尽相同,最好提前了解清楚,越早越好。

现代社会充满了诱惑和功利性,这使得越来越多的人希望以各种捷径获得所谓"成功",而不愿意下苦功夫。读研究生不应该只为了找到一份好的工作,还应该有更高的理想和目标,要有为国家为社会做贡献的决心。

新入学的研究生们,一般都会雄心勃勃地立志在自己的学科领域做出杰出贡献。但是,到了写学位论文的最后阶段,变成了赶快完成任务就行了。在这两个阶段中间,往往会经历一个热情逐渐衰退的过程。因为不得不专注于某个专业课题,这个课题或许还是很难啃的硬骨头,而周围的人们对于你的工作,似乎既不理解,也不关心。

第一章 为什么读研究生

在刚刚进入大学或者研究机构攻读研究生的时候,很清楚自己是什么人:同龄人中的佼佼者、未来的社会精英。但是,不久就会丧失原来的信心,并开始怀疑人生。这种变化源于对学术事业的深入接触,通过与本专业的诸多教授和高年级研究生讨论后,或者阅读了发表在本专业最顶尖学术期刊上的论文后,发现自己的水平远低于原来的判断,然后开始通过各种渠道不断学习和进取。经历过这样一个自我怀疑甚至否定,继而努力拼搏的特殊阶段后,优秀的研究生就此诞生了。你对自己的身份有了新的看法,是能够胜任研究工作的专家,有能力跟任何人就专业问题辩论,对自己的研究既充满信心又深知其局限性。在这个时期,会在不知不觉中,主动寻求导师和其他人帮助。同时在必要的时候,理解能力不够的情况下敢于表达自己的无知,而不会因为怕被人笑话就自欺欺人地装作没有任何困难。如果能做到这一点,研究生学习将会更加顺利和舒服,也会取得更多更好的成果。

"Hope is a good thing, maybe the best of good things, and no good thing ever dies. — Shawshank Redemption."(希望是美好的,可能是最美好的,而美好的东西永远不会消失。)在现今功利社会中做科学研究,永远不要放弃希望,只要确定路线是可行的,就应该坚持下去(但不能明知是错误还坚持,这需要有做出正确判断的智慧)。要对科学研究充满兴趣和热情,在好奇心驱使下自由自在地研究。只有怀着高度的兴趣和热情,抛开功利性地追求,才能克服困难,坚持不懈,真正做出创新性的科研成果。

第二章 如何选导师

> One of the greatest values of mentors is the ability to see ahead what others cannot see and to help them navigate a course to their destination.
>
> ——John C. Maxwell

从成为研究生的那一刻起,就开始和导师形成了一种非常密切的关系。学生和导师的关系会和本科阶段与授课老师的关系有所不同。因为,导师会花大量的时间和精力和你一起开展研究。不能像以前那样,为了保持低姿态、内向或者其他原因,藏在同学中默默无闻,研究生必须在导师面前表现自己,展示研究能力。毫无疑问,导师非常重要。与在本科阶段的毕业论文指导老师不同,那个时候可能主要跟随课题组高年级研究生工作,只是在几个关键的时间节点上和导师打交道。在研究生阶段,则可能每几天甚至每天与导师讨论课题。成功在很大程度上取决于导师的热情和投入程度。本章将从如何选择导师、导师应该提供的指导、如何与导师相处、如何解决师生矛盾等几方面详细介绍。

一、如何选择合适的导师

慎重选择导师，应从以下三个方面考虑：正确评估自己的优势和不足，选择自己喜欢的方向，选择适合自己的导师。根据课题组发展阶段的不同，大致可以把导师分为四类。

1. 导师类型

（1）第一类 the start-up group　这是刚走上导师岗位或刚回国的导师，正开始组建实验室。其优点简单总结如下。第一，非常有热情，为了升职和发展，非常希望得到新的数据来总结。因此，你给他数据的话，他可能会马上来完成，甚至会和你一起来完成。第二，实验室需要从头开始，你们会一起筹建实验室，经常交流，导师对你可能倾入了全部的精力，你们的关系会非常好，他会尽量地满足你的要求。第三，这类导师基本没有行政事务，没有太多会议，会有足够的精力做研究。但是，选择这类的导师也会有一些不利。第一，筹建实验室会花费大量的时间，包括买材料和仪器，要花大量的时间和精力在非学术的事情上。然而，这既是缺点也是优点，因为这样也能积累很多的经验。第二，这类导师没有独立工作的经验，他得在失败中积累经验，会有一定的风险。第三，这类导师太急于得到数据，他可能会手把手地教你，刚开始手把手教是好事情，但会导致你过于依赖他而缺乏独立思考。导师关注的细节太多，长期来说对于你的独立发展是不利的。第四，经费会相对比较少，在学术界没有影响力，可能会限制你的发展。

（2）第二类 the up-and-running group　这是已经有两三年工作经验并处于快速上升期的导师。这类导师的优点是，相对来说指导经验比较多，经费较充裕，你能够借鉴以前研究生的情况，来判断以后自己的发展，以及如何更好地发展。不足是，由于他需要获得学术界的肯定和认可,可能会热衷参加各种会议和报告,指导时间会减少;组里已经有高年级的同学,平时向他们学习可能会方便很多,但是需要处理好关系。高年级同学的帮助可能会比导师的帮助更大。

(3) 第三类 the small but established group 这是已经很资深的教授,但他的研究方向决定了课题组规模相对较小。这类导师指导经验很丰富,能及时修改和发表论文,有时候产出会非常高。不足是,导师年龄比较大,可能他觉得学术上很难再突破了,研究兴趣下降,会对其他的东西感兴趣,热衷于各种行政事务与学术会议。课题组成员比较少,缺乏活力,气氛可能比较沉闷。

(4) 第四类是 the empire 其课程组人员众多,最大的课题组可能会有 100 多人。导师具备广泛的人脉和学术资源,为你以后的发展建立强大的网络。但是,导师极其繁忙,很少能提供真正的指导。低年级学生平时的学习和研究,很大程度上依赖于高年级同学或博士后,要从他们身上学到更多的东西,需要处理复杂的人际关系。

2. 导师特点

从导师自身的特点,我们还可以找出一些共同点来分类,大体包括比较糟糕、可以接受、优秀三种类型。但是,这种分类不是绝对的,因为这和性格有关。某位导师被大家认为无法忍受,但很可能与某些研究生相处融洽,这也很正常。

第一类,比较糟糕的导师。

完全甩手掌柜:除非你去请他,否则他什么都不会做。对指导研究生没有任何感情和热情,完全是被动的,一般等着研究生安排组织会议或提出建议。

性别歧视者:顽固地认为,女性天生不能做好研究。

奴役狂:把研究生当作奴隶,要求学生绝对服从。一旦取得成功,比如发表论文或者申请专利时,忘记或不愿意把学生加为作者。

第二类,可以接受的导师。

流水线管理型:根据制定好的"模子"批量生产研究生;指导研究生在自己可以控制的范围内开展课题;管理学生就像管理一条生产线,独裁专制。一旦发现你碍手碍脚,他们很有可能跟你断绝往来;不会关心你做的课题是否适合你的长远发展规划。

哥们类型:在各种聚会上指导研究生工作;花大量时间和精力讨论有趣但与课题不相干的话题;对你的私生活了如指掌。这样的指导可能听起来很有意思,但是难以提供你所需要的很多学术上的帮助。

传统类型:严厉、严格按照规矩办事;可以教会你做事情的方法和技巧,对你有帮助;一般不与你讨论任何研究以外的话题;对研究生都是一副高高在上的姿态。

不在线类型:这些导师很难联系上,比如,担任了校长或其他行政职务,无法顾及你,甚至想方设法躲避你。但是,这类导师有些具有很强的责任感,如果你能"逮到"他,他会给予你研究方向上比较宏观层面上的指导,细节方面则没有时间来指导。

技术型:他们既不是造诣极深的研究学者,也不是渊博的思想家,可能也缺乏创造力,但专业知识非常扎实,了解各种实验技能和细节,可以在每个环节给你提供很好的意见,让你少走弯路。但是,因为太专注细节,他们往往对前沿和交叉的研究方向反应迟钝,甚至天然地排斥,所以比较难做出开创性的工作。

新手:你可能是他的第一个研究生,所以导师会非常尽职尽责,很热心指导你每个细节,因为他们自己也渴望把工作做好,但是他可能不像有经验的导师懂得很多策略,资源也会相对有限。

第三类,优秀的导师。

我们称之为理想的学者,他们是某个重要方向的奠基人,具有极高的学术造诣,在国际同行中享有崇高声誉;他们经验丰富,已经指导过很多杰出的博士或硕士;他们平易近人,理解并支持研究生进行自由探索,并在研究生碰到困难或失败时提供坚定的支持和诚挚的鼓励;他们享受研究生所取得的成绩,协助研究生作长期的职业生涯规划,并提供非常有利的帮助。如果你的导师属于这种类型,你会从他们那里学到很多东西。

大部分导师可能同时属于几种类型,在不同的时候显示不同的行为方式。应全面综合考虑以上因素,根据自身的特点,选择适合自己发展的导师。并且,要努力地发挥导师的优势,充分利用这些优势资源学习。同时,也需要知晓导师的不完美,甚至缺点,避免产生可能的负面影响。

二、导师应该提供哪些方面的指导和帮助

研究生们很少去思考这个问题,实际上也存在比较多的误解。一种常见的误解认为,导师主要提供专业答疑,解决学位论文研究过程中碰到的技术难题。比如研究太阳能电池,期望导师能够回答所有相关的化学原理和实验技巧。持有此想法的研究生,一旦发现导师不能解答某个难懂的专业问题,就会感到不解、失望甚至愤怒,他们会抱怨导师没有能力,也弄不明白为什么院校不会因此同情自己。设置研究生学位的目的在于,让你充分展示作为一个独立的研究者,发现新现象和挖掘新知识的能力。如果期望导师了解甚至精通你研究课题的所有方面甚至细节内容,那么你就没有理解硕士和博士学位的意义所在。

指导学位论文有很多种方法和途径,导师可以扮演各种不同的角色。每个学生都与众不同,也需要不同的支持与帮助。一种类型的研究生,可以独立完成绝大部分研究工作,指导讨论就会成为导师和研究生都非常享受的时刻,因为彼此可以相互学习。这种情况过去在中国非常少,因为一方面很多优秀的研究生出国了,另一方面大部分研究工作还是需要更多的经验积累。但是,随着

越来越多的优秀研究生选择在国内攻读学位,也随着网络信息的快速发展,研究生们获取信息的渠道越来越多元化,同时国内整体的研究水平提高了,现在越来越多的研究生可以在某些方面跟导师平等探讨学术问题,甚至在全新的研究方向上带着导师跑。这类学生有一个共同点,他们擅长自学,容易接受新鲜事物,研究执行能力特别强,并富有责任心。另一种类型的研究生很少主动去学习新知识,他们需要不断的反馈和鼓励。就像一个婴儿,总是期待别人一勺一勺地来喂养他们,研究成果相对就比较少,学习过程也比较迷茫甚至痛苦。对于第一类研究生,导师们主要忙于提供各种资源支持,包括经费、实验设备等,确保较高的研究质量和效率。对于第二类研究生,导师们则需要花费大量的时间来关心研究生非学术事务,关系有时会比较紧张。当然,对于绝大部分研究生,都是介于上述两类之间,更偏前者或更偏后者。这就需要根据自己的实际情况,在研究生学习过程中不断调整状态。

除了学位论文选题、开题、论文发表、报告、答辩等研究方面的指导,导师还会扮演其他很多角色。比如,导师可以提供合作者资源,帮助你尽快找到最合适的校内外合作课题组;提供从事学术交流包括参加学术会议的机会和资助;培养你如何写出高质量的项目申请书以获取基金支持;培养你如何做好时间和研究方面的管理工作,在方法学上提高你的眼界和水平;也提供就业指导、各种建议等等。

三、如何处理与导师关系

1. 维持良好的师生关系

良好的师生关系需要双方的共同努力。请记住,你的导师没有义务把所有事情都做得完美无缺,学位论文的成功需要双方共同努力和付出，但更多取决于你自己。很多研究生碰到了一些不必要的麻烦，因为他们在处理与导师的关系时，犯了一些常见的错误，比如实验上完全依赖导师，临近截止日期时让导师修改报告和论文，讨论课题时准备不充分，不听取导师意见，等等，原因在于很多研究生没有深入思考这种关系。事实上，关于攻读研究生学位的各种恐怖传说，大多数来源于跟导师的关系难以处理的问题，而不是研究课题很难或者校外评审人很苛刻等问题。

师生关系很重要的一点便是兼容性。不能期待你和导师的关系十全十美。有的师生关系会很直接，导师讨论问题直截了当；但有的师生关系却不是这样，需要体会导师的意图。作为学生，要更多地理解导师，摆正自己的位置。你是学徒，而不是万事皆对的顾客。

关于是否合适这个问题，就像婚姻中没有"合适的配偶"一样，没有哪一种类型的研究生可以称为合适的研究生，也没有哪一种类型的导师可以称为合适的导师。研究生有很多种类型，导师也有很多种类型。每种类型的导师都可能会有其适合类型的研究生，而不适合其他类型的研究生。在目前大学和研究机构，研究生尤其是博士研究生，往往在入学时就明确选择跟某个导师做学位论文。因此，一个比较形象但不完全准确的比喻是，游轮失事后少数人被迫停留在一个荒岛上，你必须学会与其他人和平相处，并且努力共同工作。坐在海滩上抱怨其他幸存者不是完美的伙伴，没有帮你生火取暖或者提供食物，显然无济于事。同样，坐在办公桌前抱怨导师不够完美也于事无补。除非情况极其糟糕，不得不考虑换导师。这个后面会进一步告诉大家如何去做，否则你必须学会如何充分利用现有的资源。注意这个过程需要积极的态度和作为，不能太被动。最好先自我鉴定，弄清楚自己的性格和作为研究生有哪些需求等。这样，就可以确定要从导师那里学到哪些知识，以及通过何种合适的方式获取这些知识。一般来说，这些知识包括但不限于对学位论文方向的确定、对仪器测试的需求、对待批评的能力、对情感方面的支持,等等。

彼此相处融洽对双方都有好处。为了自己的发展,应该努力维持和睦的师生关系。最终对学位论文负责的是你而不是导师。所以,在这种导师与研究生之间监督和被监督的关系中,要承担起自己的那份责任,这点对于学位论文写作和答辩都很有帮助。因为学位论文答辩时,研究生必须承担介绍研究工作的主体责任。如果评审人认为目标不清楚、逻辑不清晰、内容不详实,虽然导师也是有责任的,但这主要是研究生的问题。如果学位论文没有通过,拿不到研究生学位,这将是一个灾难,而对导师而言则没有那么严重。所以,建议在处理与导师的关系时,需要采取一些策略,而不是一直寄希望于导师主动。一般情况下,要学会站在导师的角度看问题。如果有人要你去指导一篇本科学位论文,你希望指导哪一类学生呢?哪一类学生是你无论如何不想指导的呢?一旦你把这些问题想清楚了,并试着从这个角度来审视自己的表现:你有多少次没有参加组会?有多少次迟到?有多少次没有充分准备就来开会?有多少次没有按期完成研究工作?

师生关系值得付出足够努力去悉心培养,因为这种关系至少要维持三年甚至五年,和导师建立良好的关系也有助于职业生涯发展。同样,不时想到导师也是普通人这点也很重要。导师也有不顺利的时候,也有弱点。如果导师在某些方面没有达到你的预期值,要学会理解。这样,你才更有可能和导师最终形成不错的关系。

一些常见的可能破坏你和导师关系的行为包括:隐瞒真正存在的问题,忽视他提供的建议和忠告,混淆你的研究工作和私人问题,背后议论导师或其他同事的长短,贬低导师和学校,绕开导师做决定,自以为是地购置材料或小型仪器,违法或其他不道德的行为,等等。

读研究生期间,导师与学生之间的关系是决定成败的关键因素。和导师的关系一般有两种,一种是双方和谐,另一种是格格不入。在一般情况下,要尽量处理好和导师的关系,你的目标与他的目标是一致的,你们的兴趣是相似的,这样才有利于彼此之间关系的和谐发展。如果确认是第二种关系,可能需要仔细思考解决办法。虽然可以换导师,但这不同于去商店买件衣服,可以随意退换。一旦处理不好关系,想换导师,虽然政策上是允许的,但实际上很难执行,不大可能实现。即使导师愿意放你,也很少有其他导师愿意接受你。所以,必须非常慎重,一般来说,没有特殊情况,不要换导师。

有的学生对导师要求做的工作没有兴趣,不肯努力坚持,只是马虎应付,最后受害的往往是自己。每天把自己的分内事做好,不要敷衍塞责,因为导师的项目大多数很有价值,否则何以得到资助?因此,要努力培养自己对本职工作的兴趣。如果确实没有兴趣,也可以利用空余时间发展新的方向,同时做两个工作也很正常。总之,研究生阶段对一个人的发展至关重要,一定要珍惜每一天的宝贵时间。

了解导师与研究生对彼此之间合理的期望,并努力去做到,对维持良好的师生关系也是非常重要的。

导师对研究生的期望包括:

(1) 目标较高且脚踏实地;

(2) 努力工作且讲究策略;

(3) 热情主动完成项目;

(4) 具有集体和团队意识,关注实验室发展;

(5) 良好的实验室安全和卫生意识。

研究生对导师的期望包括:

(1) 研究方向富有前景;

(2) 学术水平高,学术资源充分;

(3) 学高为师,身正为范;

(4) 关注和支持学生发展;

(5) 提供较高的研究补助。

古语云"名师出高徒",有名师指导固然有利于自身的发展,然而在当代,中国缺少名师,世界亦如此。凡师亦可出高徒,研究生要慎重选择适合自己的导师,在导师能提供的帮助之下努力发挥自己的长处,充分利用时代的资源,也必定能青出于蓝而胜于蓝。

2. 和导师形成良好的关系的具体方法

在通常情况下,试着从他人的角度看问题,很多答案就会一目了然。导师一般都是热爱研究的学者,有些是可怕的工作狂,习惯于过度工作。指导研究生会占用大量的时间,而时间对于导师来说是最宝贵的资源。所以,优秀的研究生应注意以下五点。

(1) 尊重并重视与导师的讨论　应该主动安排这些讨论会,尽早提供相关材料和信息,组织其他相关人员参加等。

在和导师讨论前,你需要做些规划。跟导师确认好讨论会的时间和地点,弄清楚导师最近的行程安排,尽量给导师比较充裕的时间段。写下你的目标,弄清楚你希望从讨论会中得什么。不管是技术方面、管理方面还是情感方面,需要按照优先顺序排列,在开会前列出这个清单并写下来,以免讨论时忘了。对于讨论会,如果没有想法的话,就要准备提出些问题,这样导师才觉得你准备很充分,更愿意指导你开展工作。

提交一份供讨论的文件。在见面会前一周,给导师递交一份相关文件可以让后面的讨论更有成效。这份文件可以是学习计划,可以是正在阅读的相关文献,也可以是研究工作的总结。如果已经有一些问题需要当面讨论,也可以提前告诉导师,供他先思考。这份文件,有助于大家集中思考理清重点,也有利于提高会议效率。在讨论时,记得随时带上这份文件的复印件。如果打印成纸质版实在太厚了,也可以带上电脑。

记住讨论会的时间,一方面事先提醒导师,因为导师事务繁多可能忘记。另一方面,自己一定要准时出席。万一迟到了,跟导师解释清楚缘由,并真诚地道歉。

展示你最好的一面,不管是小型讨论会还是人数比较多的研讨会,在发言之前专心听讲,认真思考。做好充分准备,全面准确地向导师汇报最近的工作进展。提出问题和想法,请导师提供建议。集中精力想出新的研究思路,不用太注重感情。信任导师,不要把讨论会理解成私人会面。如果不喜欢导师的建议,可以实事求是讲出你的担忧,尽量客观真挚,这样导师可以提供更多细节,让你更清楚为什么要这样做。万一导师弄错了,他也可以及时自我纠正,大家再讨论出更好的方案,提高研究工作的效率。

讨论期间,有一点容易忽视,那就是在会议过程中应该学会做记录。至少一些重要建议必须记下来,告诉导师接下来的详细计划和进一步工作安排,并认真付诸实践,取得良好效果,这样导师才更加关注你的工作。

(2) 努力做出优秀的研究成果　　在最重要的科学层面上,需要有独立思考和大胆探索的精神,积极主动地去发现重要的科学问题,想出新的研究思路。学位论文进展顺利,有两个重要标志。第一个标志在于你一直有新的想法,这些想法是导师也不知道或者没有听说过的。第二个标志就是导师发现你的这些想法中至少有一个非常有趣,而且值得拿出来深入地探讨。把想法写成提纲,交给导师阅读。如果导师想了解更多细节,应该及时提供相关资料的全文,方便导师更好地完善研究想法。这样不但有助于提高学位论文质量,对导师来说也显得很有礼貌。

在研究方法层面,应该能够就某个具体的研究问题提出合适的解决思路,努力想办法独立完成课题的部分环节。需要在攻读研究生学位的过程中,一直坚持这样做。做得越多,学到的东西也就越多。对于这些思路和方法,导师也有可能提出反对意见。需要找出导师所以反对的原因,并且仔细斟酌,而不要躲进一个角落里自己懊恼。也许导师的反对意见中有些会促进研究进展,或者启发你找到更好的策略,要学会接受意见去改进研究方法。当然,导师也有可能完全弄错。这个时候需要静下心来,仔细分析并厘清思路,然后在合适的时机跟导师客气谈谈想法。注意措辞,不要随便下结论,更不要攻击。主要讲事实,由导师自己做出结论会更加好。

(3) 组织好非正式的小型研讨会　　与合作者定期开会讨论最新进展,在研究生学习期间是经常要碰到的事情,但却并不是每个研究生都能做好的,甚至很多人没有做好,所以有必要在这里总结出一些关键点。这些关键点,对于正式的学术会议更加有帮助。事实上,这些技巧在大家毕业后的工作中也颇有价值。

召开会议前几天,作为会议的组织者,应该做好以下一些事情:

> 发送会议日程表;
>
> 总结并分发一些相关资料,如果是合作研讨会,最好整理出前一阶段已经做的工作,并告诉大家哪些是需要提前思考的问题;
>
> 如果会议地点不是安排在导师的办公室,需要提前预定会议室;
>
> 提醒与会者开会的时间和地点。

在这些非正式的研讨会上,研究生们常常会表现出某些让人

不愉快的行为,主要体现在以下几个方面,应该加以注意:

> 应当充分重视最后期限的重要性;
> 不要在会议最后一分钟提出很多要求,而不给其他人充分的时间去阅读和思考;
> 不要期待由导师来安排一切事情;
> 听取导师的意见,不要擅自决定一些敏感的、重要的事情,比如学术论文的作者。这些事情你可以提供建议,但最后的决定权属于导师。

(4) **日常相处的策略** 与导师相处,需要研究生采取一些策略。不同类型的策略,可以帮助你处理不同情况下的事情,使双方保持愉快。这些策略包括以下一些方面:

> 互相帮助,比如导师需要一本参考书或者需要下载一篇论文,而你刚好可以找到它们,那就赶快去做;
> 努力按照导师的方法做事情,并按照制定出的标准和日期切实做到;
> 理解导师也有人性化的一面,包容他们身上的弱点和不足,然后利用好导师的优势资源;
> 导师与研究生的关系是双向的,学生也应该主动学习,而不是被动地等待导师解答所有的问题。

(5) **及时与导师沟通** 沟通以下事情:

你的工作状态；

最新的研究进展和碰到的困难；

和你学位论文紧密相关的最新参考文献和研究进展；

在某个阶段需要就学位论文方向做出重要甚至重大调整时，必须征得导师同意，认真听取导师的建议，以免做出草率的错误决定；

反馈最近生活环境的重大变化，告诉导师哪些人或事可能影响到你，并探讨可能的解决办法。

总之，和导师相处时，需要遵循一些基本的原则，包括诚实、善于表达、提供信息、尊敬导师、有责任心。

3. 与导师相处不顺利的时候，如何有效应对

导师与研究生关系中最困难的事情，往往来自于误解，而并非"阴谋"。一般在刚开始的时候，每个人都是很真诚地做事情，相互之间往往比较信任。但随着时间的推移，尤其是碰到挫折或者很忙的时候，就会产生负面情绪，认为对方做得不够好，积少成多就会有隔阂和矛盾。一旦发生这种情况，必须主动、及时跟导师坦率交流，站在导师角度反思自己哪些方面没有做好，在萌芽阶段，这种问题就很容易解决。

与一位不易接近的资深教授或者担任重要行政职务的领导型教授打交道，要和他的秘书搞好关系。或者更具体地说，最好与他的秘书成为朋友。这样通过导师的秘书，就可以了解到他的日常安排，及时确定和预约跟导师讨论的时间和地点。去找他讨论时，尽量简洁明了地总结出碰到的问题和需要的帮助，并感谢他挤出时间来指导研究工作。如果导师是一位国际著名学者，可能在全

世界旅行交流,不太可能为了你改变繁忙的日程安排,可以想些远程交流的方法,比如通过网络,及时和他沟通交流。

如果发现选择导师是不合适,在反复思考和跟很多人交换意见后,确定你们的关系已经无可挽救,就需要换一位导师。在中国,这比较困难,稍有不慎会产生极其负面的影响,必须慎之又慎,并采取有效的策略。首先,需要弄清楚所在院系是如何更换导师的,有哪些要求和程序,以前有没有发生过,发生过处理结果如何,尽可能避免负面效应。在正式启动流程前,先找到一位同意接收你的新导师,并确信他是坚定支持你的。否则不但毁掉现有的关系,也会破坏你的名声。重点是找到一位更好的导师,但不要说现在导师的坏话。需要为更换导师找到一些比较积极和对大家都有利的理由,比如研究方向不擅长、性格不合适、家庭原因等。你处理得越有策略,越周到,越有利,对其他人也同样有利。

第三章 做好准备

> The farther backward you can look the farther forward you are likely to see!
>
> ——Winston Churchill

了解了读研究生的意义之后,一旦决定要读,即可从以下三个方面着手准备:思想上做准备、熟悉环境和流程、广泛阅读。

1. 思想上做准备

思想上的准备,包括很多方面,其中最重要的,是根据自己的兴趣和长处,制订符合自己长远发展目标的短期目标。也就是说,读硕士或者博士这三到五年,你期望在哪些方面取得突破。比如一个考虑从事化学研究的博士生,如果他的长期目标是成为本领域国际著名的学者,那么博士生期间就有必要在专业权威期刊上发表高水平论文。因为这样他才更有可能在某个国际一流的实验室谋得博士后职位,为后面独立从事研究工作奠定重要的发展基础。

很多同学即使开始读研究生了,仍然没有长远的发展规划。

在这种情况下，又如何制定研究生短期发展目标呢？孔子说"三十而立"，二十多岁是人生发展最重要的时期，决不能稀里糊涂度过。那么，就努力在研究生学习阶段，首先找到一个适合自己未来发展的职业，最后形成一个明确的长期奋斗目标。这可能需要一个过程，在此之前，必须不断告诫自己，竖立高效率开展工作的良好态度，找到有效方法。比如，不管将来到底干什么，即使毕业以后不从事研究工作，但作为研究生，得"研究"。也就是说，本职工作是做好研究。必须花主要的时间和精力，去琢磨如何结合自己的长处和现在课题的特点，找到高效率从事研究的方法，提高思考和解决问题的能力。

既然研究生的本质是做好研究，而研究成果的一个主要载体是论文，那么如何正确对待论文就显得尤为重要。一些同学在研究生期间发表论文，只是为了满足学校对毕业的要求，很多时候草率对待，甚至违背学术规范，这是一种非常危险的做法。学术论文的本质是和同行分享成果，共同推动本专业领域的进步和发展，粗制滥造的论文则起到反作用，浪费别人大量的时间也误导同行。一位美国教授，在办公室醒目地方张贴了一张纸，上书："你有几篇站得住脚的论文？"他一辈子立志要写出能站得住脚的论文，30年从没忘记自己的初心。

也有些同学，片面追求论文发表在什么期刊上，盲目追求热点，简单地换个体系发表一篇，甚至把一篇论文拆成两篇发表，花大量的时间用在琢磨利益最大化上，浪费了自己的精力。做研究的本质目的，不是发表几篇论文以及发表在哪里，而是做出了怎样的研究，以及能产生什么影响，应该在这方面设定目标，有所准备。人的幸福分为两部分，一部分是物质上的，一部分是精神上的，精神上的幸福可能更重要。所以，目标要有比较好的精神基础。

还有一些同学，具有非常崇高的远大理想，这总体上是件好事情。说句夸张的话：年轻人就要有一点"狂妄"的劲头。但是，在

"狂妄"的前提下一定要制订切实可行的目标。这个目标与自己的长处以及所处的环境要相符合,不能把目标定得太高,比如,有些同学就想拿诺贝尔奖。第一,把拿诺贝尔奖当作目标来做研究,本身就是一个错误;第二,把目标定得太高,难以实现,最后很可能会因失败而陷入绝望的精神深渊里不可自拔。

要选择自己喜欢的事业。科学研究中,一定要选择自己感兴趣的方向。假如强迫自己,为了赚钱或者为了讨好别人,去做自己不愿做的事,必然活得很累,而且往往不容易成功。首先要问问自己,到底这一辈子想要做什么?如果一个人只想赚钱,那就不要做科学研究,因为大部分时候,做科学研究不是一个很能赚钱的行业,尽管现代社会里尊重科学家对社会的贡献,政府会适当考虑给予科学家应有的保障。当然,兴趣也是可以培养出来的。如果一开始能做得好,成绩会增加信心,使你慢慢产生兴趣。一旦有了兴趣,也就比较容易做得更好,从而形成一种良性循环。

要正确对待父母的影响力。毫无疑问,父母总是坚定支持孩子的发展,但很多时候他们基于自己的社会阅历,从比较功利的角度来看待研究生学习,来帮助孩子选择专业和方向,容易忽略孩子的兴趣和爱好。这个时候要多沟通,把自身的特点和想法告诉他们,让他们更加意识到你的优势,这样他们可能给出更加合适的建议。善于发现并珍惜自己的才华,正确评估自己的长处和短处,然后吸纳父母的建议,才能有效地发挥自己的潜能,进而实现目标。

2. 熟悉环境和流程

进入新的环境,首先要充分了解本系的教学和研究资源。积极参加学校和院系组织的各种迎新活动,有助于更迅速更全面地了解系里的资源,融入环境。另外,也需要做好选修课程准备。而选修课程既要在熟悉环境的基础上充分考虑各种因素,同时也是熟悉环境的一个重要环节。目前研究生的可选课程普遍存在的问题是：在功利评价体制下，大部分课程质量不高，更需要研究生自己正确应对，一定要调整心态，积极对待，不浪费时间。建议可采取以下选课策略：视野开阔，不要局限于本院系；咨询高年级同学，多和导师沟通。

在攻读研究生学位的时候，你将会面对很多程序、关键事件节点和各种表格。如果没有理智地对待它们，那么这些事情可能会白白耗费大量时间和精力，而且会让你无谓地难过很长时间。更重要的是，耽搁了研究学习进程。所以接下来，尽快弄清楚攻读硕士或博士学位的流程和要求。

一般来说，按照时间先后，按照要求学习一定数量的专业必修和选修课程，总学分达到所读专业的基本要求。同时，需要做广泛的文献调研，与导师多次讨论商量，确定学位论文的研究方向，在系里参加严肃的开题汇报。通过开题汇报后，必须开展系统而深入的研究工作。克服各种困难，取得明显的研究进展，然后申请参加中期考核，也就是美国大学常说的研究生资格考试。通过中期考核后，就可以专注于学位论文研究工作，取得更多的研究成果，在国内外专业学术期刊上发表论文。中国绝大部分大学和研究机构对学术论文的数量和质量都有明确的要求，否则不能申请答辩，或者即使答辩了也拿不到学位。专业课程和学术论文都达到要求后，就可以开始撰写学位论文。每个大学或机构对学位论文的内容和形式都有非常具体的要求，必须按照这些要求认真做，因为学位论文需要通过所在单位的研究生院初评，通过后才能送给外面的专家函评。通过函评后，就可以和导师商量，邀请5～7位专家组成学位论文答辩专家组，计划最终的答辩。通过答辩后，在学术上已经毕业了，等待最终的学位授证仪式。

在上述一系列流程中，有三个方面非常重要。第一方面，准备好三个关键的答辩会，即开题报告、中期汇报和学位论文答辩，因此入校伊始就得琢磨，利用校内外一切资源和方式，培养学术报告能力，比如在研讨性课程中，主动做示范性报告和参加国内外学术会议。第二方面，导师在所有环节中都至关重要，比如在论文送给研究生院之前，必须得到导师的签字，来保证研究成果的质量达到了学校的毕业要求。第三方面，在目前的中国高等学位培养体制中，学位论文送到校外评审是确保质量的最重要环节。如果过去大部分情况都流于形式，那么现在是不折不扣地严格执行。很多同学因为这个环节出了问题而被迫延期，有些甚至最终拿不到学位，所以必须引起高度重视。

3. 广泛阅读

广泛的阅读是指在做研究之前，大量涉猎与科研有关的书籍和文章。**要精读名著，研究大师的风格和思路。**

推荐大家阅读《双螺旋》这本书，它不仅故事精彩，英文语言也很优美，对于提高写作很有帮助。作者沃森用讲故事的形式讲述作者自己如何做研究，以及如何把研究做好。因为当时所处的形势，实际上他们的研究成果是以非常功利的方式做出来的，这与我们所处的科研环境非常类似。沃森当时是博士后，在英国做研究，与同学们以后的经历可能会很相似。如何去国外做博士后，如果找到一个合适的位子，如何努力做好研究，书中有很多信息对我们很有启发并值得借鉴。尤其要从书中领略他的风格和思路。他最后发表的论文只有一页纸，他如何用一页纸把他的研究阐述得极其精彩，让人相信这是一个重大的突破，这一点值得我们学习和借鉴。包括那些阐述在国际上重要时期影响比较大的科学研究成果是如何做出来的书籍，其中包括很多非科学的资料。阅读它们，能够从中学习做研究的思路和风格，受到启发。

还有很多类似的例子，比如石墨烯的发现。根据一些文献资料，石墨烯早在20世纪70年代就已经得到，但是没有充分把它的价值挖掘出来。直到2004年，Andre Geim 等人在《科学》上发表论文,揭示了石墨烯一些重要的物理性能,并在2010年获得诺贝尔物理奖,引起了学术界和工业界的广泛兴趣,成为此后多年的明星材料。研究工作的思路,很大程度上决定它的影响力。建议大家多阅读这类书籍,虽然看似很空洞,看多了并用心体会,便能从中获益。

英国前首相丘吉尔说:"你能往后看得越远,你就可能往前看得越远。"多了解一流科学家们是如何思考、如何解决问题,以及如何对待挫折的,对于研究生的发展极有帮助。拿到一本书或专著,如何将它读好并引发思考,这是有讲究的。每个人采取的方式不一样,但有些共同的信息值得大家一起来探讨。如何读好一篇经典名著,有以下几点经验可供参考。第一,要了解这本书或这篇文章的来历,对它的背景有基本的认识。比如了解写书的动机,有助于大家更好地或是更客观全面地去理解它。第二,要了解文章所采用的技术细节,如实验手段、理论推导或数值模式,从中吸取营养,学会一项技术。因为很多类似的信息是非常经典的,是前人做过的,可以去琢磨他为什么会做得好。尤其是跟你相关领域的工作,这样的信息对你在做研究时找到正确路线是很重要的。做研究很强调直觉,大量广泛地阅读实验积累方面的名著,会得到经验,产生灵感,从而培养敏锐而正确的物理直觉。第三,要了解文章最主要的结论及其意义。第四,要了解义章中不够完善的地方,也就是可以改进的地方。有些经典的东西并不是那么完美,需要自己去完善。不要以为经典的书和经典的理论就一定是正确的,实际上有很多经典理论都有很多的前提条件,随着科学的发展,这些前提条件可能会发生变化或错误,导致由此得出的结论并不完善。在阅读的时候要联系书中内容,努力思考有没有值得学习或需要改进的地方,才有可能在看完这些经典的著作以后有所收获。简单地把书翻完,必将一无所获。

很多学生和科研工作者常认为经典著作就是天衣无缝或白璧

无瑕的,将之奉为神明,更不敢超越。其实,这是一个错误的观念。科学的发展永远是后浪推前浪,推陈出新乃是科学发展最基本的规律。因为任何科学的成果都是在一定时代和条件下完成的,所有经典的著作随着时间的推移都会产生一些问题。随着对客观世界认识的深化,要学会发现问题,发现一些有可能会改变整个方向的领域,那么对于同一个问题我们必定会有更深刻的理解和诠释。因此,读完经典著作后最重要的一步是深入思考:能从中学到什么?下一步到底应当怎么做?没有走这一步的人无异于跑马拉松时在到达终点线前一步摔倒——前功尽弃。看完书要有一些深刻的理解和总结,才算是真正读好了经典著作,才有可能起到作用。

第四章 设计新课题

> The history of science knows scores of instances where an investigator was in the possession of all the important facts for a new theory, but simply failed to ask the right questions.
>
> ——Ernst Mayr

1. 课题方向的重要性

如何开展新课题,首先是如何确立新的课题方向。专业、方向、导师不一样,答案都不一样。但有一点可能是共同的,也是非常关键的,那就是**从一开始树立远大的目标**,对于做好新课题至关重要。

对此,中国古代的名人名著中有很好的总结和诠释。他们从不同的层面分析得出同样的结论,可以指导我们的学习和研究。《论语》认为:取乎其上,得乎其中;取乎其中,得乎其下;取乎其下,则无所得矣。后来人们又有很多的延伸总结,认为目标的重要性在很多重要领域都是想通的。

因此,制定一个较高的目标,让目标牵引着学习,效果是最好的。有了目标,才会去认真思考,也因此可能会有最多的收获。研究生学习也一样要有目标,如果学不到想要学习的东西,也可以向老师提出,要尽量从正面积极的角度来看待它。

读研究生,独立思考是最重要的。爱因斯坦曾说过:"发展独立思考和独立判断的一般能力,应该始终被放在首位,而不是把获得专业知识放在首位。如果一个人掌握了本学科的基础理论,并且学会了独立地思考和工作,他必定会找到自己的道路,而且比起那种主要以获得细节知识为培训内容的人,他一定能更好地适应科学和社会的进步与变化。"华罗庚也同样肯定了独立思考的重要性:"科学的灵感,决不是坐等可以等来的。如果说,科学上的发现有什么偶然的机遇的话,那么这种'偶然的机遇'只能给那些学有素养的人,给那些善于独立思考的人,给那些具有锲而不舍的精神的人,而不会给懒汉。"

虽然国际上也有对于某些重要课题一哄而上的情况,但在我国似乎特别严重。缺乏自己的创新思想而片面地追求热点,是一条必然失败的路线,最多只能为别人锦上添花,或做一些小修小补的工作而已。

创新思想来自何处?虽然有灵机一动产生重要的创新思想这种特例,在科学史上确实有记载,但这毕竟是罕见的,而往往更为常见的是天才出于勤奋,创新出于积累。积累可以是个人积累,也可能是本人所在团队的长期积累。这也是诺贝尔奖经常出在少数几个单位的原因。只有非常努力才可能在工作中逐渐产生真正独创的、别人无法剽窃的创新思想,才有可能在重大问题上取得突破。而在一个熊熊的旺火炉中,不断会有优秀工作的积累,优秀人才的产生,并且创新思想和人才的不断相互作用,相互启发,相互激励,就会不断创造出新的突破性成果。

开展新课题之前,要充分明确较高的目标、独立思考和创新思想的重要性,接下来再选题。选题就是经过选择,逐渐明确地决定自己要研究的中心问题。课题研究是一个发现问题、分析问题、提出问题和解决问题的过程。选题就是课题研究开始阶段的提出问题；而通过各种科学手段找出解决问题的思路、方法，则是一轮科学研究的结束。

"逐渐明确"是选题的特点。选题是一个循序渐进的过程，因为越是一流的工作，越不可能从一眼就看到前景，而是在逐步思考的过程中慢慢地实现目标。选题表面上是确定题目，实际上则涉及研究方向、研究思路、研究方法等诸多方面的问题。然而，这些问题只能由模糊逐渐清晰，由肤浅走向深刻，由单一走向复杂。因此，过程虽然很长，但是很有必要。有的时候甚至做完课题才知道自己究竟在研究什么。

有的人希望别人给选题，这不仅反映了思想的惰性，而且也是由于没有认识到选题本身就是重要的科研过程。选题是锻炼我们分析、判断问题能力的过程。通过在选题的过程中逐步地分析问题，不断地收集信息，然后确定课题并着手去做，效果才最好。

选题的标准包括自身条件、时间条件，以及客观环境条件。自身条件主要指研究课题的难易程度。刚开始做研究的时候，一定要注意树立信心，信心对于顺利地做研究非常重要。但是，自信不是凭空而来的，而是逐步培养起来的，是在逐步的成功之中慢慢树立起来的。所以，建议在刚开始的时候，不要选太难的题目，先选择相对较容易的题目上手，有了初步的成果以后，再提高，逐步积累成功和自信，会事半功倍。时间条件不一样，题目的难度也要相应地调整，包括每一个环节的调节。要有一定的时间学习、收集资料、整理资料。客观环境条件则包括资料、经费、设备等条件，选题时要充分考虑这些客观环境条件是否充足，否则很可能阻碍课题的顺利开展和完成。

选题容易出现以下三个问题。

一是**题目过大**。误认为选题就是确定一个归属范围；或酝酿还不够成熟,没有找准问题关键所在,只停留在大概的层面上。不能野心太大,时间和精力是有限的,所以必须聚焦。

二是**题目过难**。忽略了自身条件的限制,很可能导致失败,挫伤信心。

三是**过于含糊、笼统**,目的和任务不清晰。

在选题过程中,要时刻注意以下比较重要的事情:大量阅读文献,多跟导师沟通,通过向高年级同学学习掌握基本的实验技能。

2. 借鉴文献资料

选题之前一定要大量阅读文献,了解本领域现状。并不是每一篇都要从头到尾读一遍,而是分类,有些重要文献要精读,绝大部分则只需泛读。但必须大量阅读,尤其是最新最前沿的文献。

专业文献大致可以分为专著、会议论文、专利、综述性论文、通讯类论文、全文性论文等六类。了解这些文献的基本特点,有助于掌握论文阅读的基本规律,从而在大量阅读文献时提高阅读效率。

(1) 专著的基本特点　一般是由本领域的专家撰写,对某一主题现有研究成果归纳总结,主要有两种形式:一种是某一个专家所著;另一种则是由某几个专家完成所有部分,细分成小章节并由不同专家分别撰写。前者逻辑性更好,更值得阅读。

一般来说,概括比较全面系统、能够覆盖本领域绝大部分研究工作的专著,因为出版的周期比较长,内容会比较滞后,时效性较差,往往是很多年前的工作。

如果把研究论文比作海洋中的一个个小点,而专著往往可把这些点连成线甚至美丽的岛屿,对于初学者特别重要。

(2) 会议论文的基本特点　在通讯欠发达的年代,会议论文是同行间沟通非常重要的渠道,因此受到很多重视。但是,在现代科学界特别是自然科学领域,主要的研究成果都通过学术期刊发表,而会议论文往往只是期刊论文的再版或简单总结,也比较短,因此重要性大大下降。

大部分会议论文都比较短,很多甚至只有一段话的摘要。因为好的会议论文尤其是大会邀请报告者的工作,会被选择在期刊上以研究论文或综述的形式公开发表,所以现在在自然科学领域基本上已经很少有人会去看会议论文。但是,这可能在数学或者工程类学科仍然是获取最新进展的重要途径。

(3) 专利的基本特点　专利的格式比较固定,类似八股文,不同国家的格式有所差异,实验过程更加详细,有时候覆盖的面比论文的范围更大。

大部分研究人员,更多的是写发明专利。大部分科学家,专利往往是论文的副产物,他们会选择先写论文,论文审稿过程中或者接收后写专利。但是,要注意必须在论文公开发表前申请,否则专利将不予受理。

(4) 综述性论文的基本特点　一般是邀请本领域权威人士来写,主要有三种形式:总结自己的工作、总结所有相关研究人员的主要工作、研究展望。

相对于专著,综述的选题相对窄一点,信息更集中,因为综述的出版比较快,所以近期的很多工作也会被概括。但是,大部分综述也因为篇幅限制,不一定能概括所有相关工作,有的甚全只是介绍其中的一小部分。

建议初学者先看综述,对本领域有个大概的认识。

(5) 通讯类论文的基本特点　通讯论文往往适用于非常新颖的研究成果,很多时候研究得并不透彻,只是初步结果。为了让同行知道,先把主要的思想报道出来。通讯论文往往比较短,数据量比较少,也允许有一定的推测,但对创新性要求非常高。比如,有些顶级的期刊要求研究成果对较大范围研究人员具有"广泛的兴趣和吸引力"。通讯的发表周期往往比较短,作者和审稿人以及编辑都会加快进程。

目前通讯有个趋势,与全文越来越近,很多研究人员选择把全文缩写成通讯加快发表。

(6) 全文性论文的基本特点　与通讯论文相比,创新性要求稍微低一点,但要求做非常系统而全面的表征。发表周期比较长,工作量非常大。比如,化学领域权威期刊《美国化学会志》的通讯一般不能超过4页纸,而全文可能有十几页。

建议多发全文,而不是通讯。在现代科学界,基于功利主义的思想,特别是非英语母语国家的研究人员,更喜欢发通讯。因为与全文性论文相比,通讯类论文对研究工作的系统性和深入程度要求相对低些。但是,对于研究生,也包括教授们,最好能将二者结合起来。

文献看完后,归纳核心思想和分类存档也是非常重要的步骤。资料积累到一定程度,桌面上逐渐堆起了一尺高的书本和文章,这是从薄到厚的过程。很多人就此止步,认为已经看懂了,学会了。其实这是很大的误区。文章看过了一遍,甚至两到三遍,不等于真正读懂了。只有领悟文献的精髓,去芜存精,归纳出核心思想,才能达到从厚到薄、厚积薄发的境界。

横看成岭侧成峰,不同的人看文献的角度是不同的。而从不同的角度看可能会得出不同的结论或者获得不同的信息。所以,阅读文献过程中,多跟别人讨论是很有必要的。他们可以提供一些不同信息和见解,可能会是很有借鉴意义的,能引发不同角度不同层次的思考,让你对文献的理解更深刻。

文献不都是对的,很多时候不全面,甚至有可能是错的。尽信书则不如无书,不能盲目地完全相信文献。如果按照文献做实验,重复不出来,就要谨慎对待,有可能文献本身是错的。**存疑和实事求是才是最好的态度和方式。**

目前发表论文的发展趋势是,最好的工作往往发表在本领域最顶尖的期刊。在自然科学领域,以前学术界对《科学》《自然》系列等学术期刊并没有那么在乎,但随着信息技术的快速发展,在最近几十年里,这些期刊确定了它们在科学出版领域的绝对权威。做出来某个极好的成果,首先想到的就是往《科学》《自然》系列等投稿。被拒后,再投其他的相对比较权威的专业期刊,比如化学的《美国化学会志》和《德国应用化学》,材料科学的《先进材料》,物理学的《物理评论快报》等。这类权威专业期刊的数量也是极少的,对学术论文的要求很高。如果再被拒,再选择更加专业的学术期刊,比如高分子化学领域的《大分子》,生物材料领域的《生物材料》,应用物理的《应用物理快报》,相对来说选择的范围就比较广泛了。当然,再后面的期刊数量就极其庞大了,发表的论文数以万计,水平也参差不齐,尤其在原创性方面往往比较低。当然,不排除某个大家很陌生的期刊上有顶尖的研究论文。如果时间紧张,可以只看这些权威的期刊,尽快获悉这个学科领域最新和最主要的发展。事实上,不同的期刊风格和思维方式是不一样的。越是公认为权威的学术期刊,对创新性的要求就越高。近朱者赤,近墨者黑,经常看哪些期刊论文,习惯了其风格和思维方式,眼界就保持在那个水平,写作论文的水平也会与之相近。绝大多数好的成果都在这些顶级的权威期刊上,大家应该策略性地去收集和阅读文献,可以节省时间,达到事半功倍的效果。

3. 发挥导师的指导作用

要开展新课题,离不开导师的指导。要多跟导师交流讨论,敢想敢说。刚开始做研究时,可能对一切都不够了解,甚至有些想法是错误的。导师根据自己的经验能给出一些建议和方法。

中国导师的现状可以这样概括:时间相对少,实践相对多;眼界相对窄,体验相对深;理论相对薄,经验相对富。

(1) **时间相对少,实践相对多** 导师压力大,没有时间仔细思考;导师项目忙,有时也不得不去赶热点换课题,实验积累多但不深;一些研究不是有意识、有计划的,工作连续性不强,所以效果也会受影响,必须减少工作的盲目性。

(2) 眼界相对窄,体验相对深　　现在一线教师的工作非常繁忙,不能抽出更多的时间去获取信息。现在的老师忙得很少有时间看书看报,甚至没有时间看电视,尤其是没有机会像专业人员那样经常阅读资料、参加学术会议,因此眼界相对窄一些。这是工作任务造成的,责任不完全在教师。但是,眼界窄对于科研是不利的。因为科研应该是站在制高点上,站得高才能看得远,所以教师要努力弥补这个"短"。信息量大固然重要,但是对信息体验和理解的深刻程度更重要。

(3) 理论相对薄,但是经验相对富　　中国的导师实践经验丰富,这是一大优势。但是,要做好课题研究,不仅需要实践积累,也亟需扎实的基础理论来支持,尤其是从事交叉研究。一方面,要善于不断吸收各学科的新成果,不能自我封闭,夜郎自大;另一方面,还要善于把各学科的精华集中起来消化融合,在研究过程中形成自己的看法,而不是生吞活剥,盲目照搬。

了解以上国内导师的现状,就能明白如果想做一流的研究,完全依赖导师的可能性比较小。国内一流的学者毕竟少,若想成为一流的学者,必须超越导师,很多时候要依靠自己来做。但是,与导师保持及时有效的沟通仍然是非常重要的。导师对相关研究进展更加熟悉,也比较了解研究生工作时容易犯的错误,通过与导师沟通了解这方面的信息,可以尽量避免走弯路,提高工作效率。而且,通过交流能加强与导师的感情沟通,也能为以后的工作奠定基础。要重视导师已经积累的经验,因为经验是进一步掌握理论的基础。科学历史证明,经验是前科学,即科学的前身,它是形成科学理论的重要依据。所以,我们应该注意不断将经验上升为全面系统的规律性认识,经验和理论之间就没有不可逾越的鸿沟。

要充分重视实验技能(包括理论和实验科学),有意识地主动学习,多向高年级同学学习,跟高年级同学掌握基本的实验技能。跟高年级同学的关系是非常重要的,它很大程度上决定了课题的质量和效率。一定要多沟通,多学习一些基本的实验技能和相关细节信息。初学者可以和导师商量,通过导师的安排,先帮助与自己研究兴趣相关的高年级同学开展课题研究,在此过程中向高年级同学学习经验,这可能是最快最有效的方式。要懂得主动付出,不必斤斤计较名利和得失,与所有高年级同学都处理好关系,收获会很大。学习过程中要多想、多看、多问、多做,特别要注意减少错误操作,提高安全意识和工作效率。

4. 准备开题报告

选好课题之后,接下来是撰写开题报告,准备开题。

开题报告是指开题者对科研课题的一种文字说明材料。这是一种新的应用写作文体,这种文字体裁是随着现代科学研究活动计划性的增强和科研选题程序化管理的需要而产生的。开题报告的主要作用是说明这个课题的研究价值,有条件研究,以及准备如何开展研究等问题,也可以说是对课题的论证和设计。开题报告是提高选题质量和水平的重要环节。

开题报告形式是由选题者把自己所选的课题的概况,向有关专家、学者、科技人员陈述,然后由他们对科研课题评议。

要正确对待开题。对于开题,目前存在学校、导师、学生不重视的现状,导致形式主义,严重的甚至刚开始就教学生养成不良的研究风气,这种现象最大的受害者是学生。从学生的角度看,应采取以下对策:高度重视、认真对待、主动请教问题、解决碰到的问题,从而提高开题质量。有了良好的开端,有助于顺利地进行课题的研究。

开题论证一般只涉及计划的可行性,必须进一步制订切实可行的课题实施计划,才能顺利完成课题任务。目前很多课题工作,总是停留在空泛的设想上,没有具体的计划,这样的研究质量很难提高。

课题的实施计划主要是一些大的阶段安排,即工作的基本进度、每个阶段应完成的主要任务。安排的原则是,近期的要细(如每月、每周),可以有效地帮助你把思路整理得很清晰,并强化逻辑性。这样论文的质量比较高。远期的可以相对粗略一些(如下学期)。计划必须是根据理论假设和实际经验构思、设计出来的,不是凭空产生的。制订实施计划的过程中要多与导师和高年级同学讨论,提前做好对实验材料和测试的安排,有序推进。

5. 大量阅读的重要作用

不管是在刚刚开始研究生学习时选题,还是后面学位论文答辩,都需要大量的阅读。读的书既要包括所学学科的,也要包括其他相关学科的,因为后者可能启发你开展交叉研究。有的时候甚至与现在研究方向完全无关的东西,可能从根本上提高学位论文的水平和质量。在科学发展历史中,很多一流的研究成果,都来源于看上去毫无关联的领域之间的交叉融合。

在自己的学科领域,阅读应该既有深度又有广度。和具体研究方向相关的文献必须深入了解,而其他相关方向的文献则可以拓展视野。除了阅读最新的文献资料,也有必要了解很多年以前的专业文献,获悉整个领域的发展过程。也可以直接阅读相关的科学史书籍,这样对整个领域就有了比较全面的认识,为把握和发展新方向提供指导。

如果还没有养成阅读的习惯,那就从为了开展新课题做起。虽然导师可以提供很多建议和帮助,但要挑选出高质量的新课题并高效率完成它,必须自己通过大量和长期阅读专业文献才能做到。知己知彼,方能百战不殆,广泛阅读就是知己知彼的关键环节。很多导师每天到办公室的第一件事情,就是浏览前一天相关权威学术期刊网上释放出来的最新论文,了解科学研究的最前沿进展,琢磨出创新的课题与研究生们讨论。这个习惯让导师们受益无穷。

阅读可以有哪些好的方式呢?下面给出了一些,供大家参考。

持久稳定的阅读。读书的真谛不在于一口气念很多书,而是始终保持一定的阅读量,这方面就是乌龟策略胜过兔子策略。

身边常带着书或者其他参考资料如论文,利用等地铁的十分钟、等开会的片刻时间,或者吃饭前的时间,积少成多。床头上放着文献资料,睡觉前看看,有时候放松下来会有新的启发。

即使碰到一篇很枯燥但又和你的研究方向密切相关的专著或者论文,也要浏览全文。先了解大概内容,读不懂的地方,反复看,不断强化。还是看不懂的,可以记录下来去和导师或者其他合适的人讨论。

第五章 规划与实验

> If you fail to plan, you plan to fail.
> ——Carl W. Buechner

一、实验前的思考

爱因斯坦说:"科学研究好像钻木板,有人喜欢钻薄的,而我喜欢钻厚的。"大家在开题的时候,可能也选择了去钻厚的木板,那么接下来必须考虑如何做到,这需要做很多的思考和准备,尤其要理解科学研究的发展规律,然后充分利用这些规律来提高学习效率。

首先是阅读专业文献方面的积累。最经典的论文并不是引用最高的论文。大家一开始做研究就应该意识到,绝大部分论文水平并不高,可读性不强。如何在海量的论文中有效地找到有用的信息,一个思路是,尽量阅读发表在大家默认的权威期刊上的论文。

用比喻的方法描述研究可能经历的四个阶段,有助于大家清楚了解每个阶段的特性,从而思考在每个阶段如何更好地做研究。

(1) **第一个阶段：描红式** 研究的第一个阶段,就像初学写字,都是一笔一划照着字帖描。比如,一个学生乃至教授在学习一个新的题目时,首先要把它读懂,能推导并说出所以然来,这就是描红式。

(2) **第二个阶段：试图应用并改进** 把已有的理论运用于一个新的问题上,并稍微加以改进。就像婴儿学步一样,走出的第一步往往显得很笨拙,甚至要摔倒,令人感到非常可笑,可是这一步是非常重要的。

事实上,没有一个婴儿会害怕迈出第一步,也没有父母会责怪孩子第一步走得不好,这个阶段鼓励对新手是很重要的。因此,也希望高年级研究生不要嘲笑新生所走的第一步。

在研究生学习过程中,有些导师会要求大家定期交月度或者季度总结报告,但是经常听到研究生们抱怨花费了太多时间和精力,非常抵触。这是一种很重要的练习方式,写了几篇总结报告以后,自然就会过渡到写学术论文甚至后面的学位论文了。科学论文写作能力,就是这样通过不断积累来逐步提高的。其他重要的研究相关能力,比如学术报告,也需要采取类似的方式来提高。要充分认识到其必要性,并且主动利用各种机会锻炼。

(3) **第三个阶段：创造新方法,解决新问题** 这一步才是真正做科学研究最重要的境界。但是,要创造新的方法、解决新的问题,如果没有前面两步,则完全是纸上谈兵。我们不是超前者,所以我们必须在前两步的基础上,扎扎实实地走到第三步。

美国教育权威人士认为,假如一个学生只会背书,只会考满分,就没有达到预期的教育目的。我们宁愿要一个学生,虽然拿低分,但有自己独到的见解,能自己解决问题。这样的学生才有希望成为真正有作为的学者。

(4) **第四个阶段：开辟新方向** 一个科学工作者往往需要通过艰苦的努力,才有希望做到这一点。能够开辟新方向,是科学家能达到的最高境界。

第一到第三阶段的学习,对应着科学研究的三重境界。也就是说,首先用手做,花大量的时间去探索,像描红那样尽量描得越来越像;其次用脑做,要讲究策略,开始思考,去做,而不是简单地重复,利用各种各样的资料,提高工作的质量,要不断用脑去思考,总结出来;最后用心做,要真正地把它当作生命的一部分。当然,上述三个阶段的学习,或者科学研究的三重境界,它们相互交叉贯通,并非泾渭分明、孤立开来,而是体现在学习的每一天中。当然,通过前面三个阶段的锤炼,最终的目标是抵达第四阶段。对于绝大部分研究生来说,直接实现这个终极目标的可能性非常小,虽然在科学史上不乏这样成功的例子。胸怀这样的目标和追求,至少有利于在研究生阶段做出比较优异的成绩,能够比较轻松地按期毕业。

二、实验计划和实验记录

布涅纳说:"失败的计划必然导致计划的失败。这句话在任何时候都非常有效,有效的工作计划是做好研究的重要环节。"

刚刚开始从事研究工作的研究生,一定要有合理有效的计划和安排。最好得到导师的帮助,尤其是新生做课题的时候。因为在开始的时候非常容易犯错误,研究的信心和热情在很多无谓的失败之后可能会丧失。所以,尽量多与导师沟通讨论,他一定会尽量地琢磨如何让你的实验顺利地往前走。

当然,科学中很多未知的东西是不能计划的,但做研究这件事情本身是可以计划的。研究过程中的进展和最后研究的结果具有不可预测性,但是在做研究的过程中,应该制订工作时间表和各个阶段的目标。

1. 阶段性研究计划

做好计划以后,可以阶段性进行研究,不可能永远保持工作状态,因为不可能不间断地满负荷工作。工作完成后,则需要跳出来,用挑剔和独立的眼光去看待和审视你的工作,得出客观的评判,以便制订下一步的计划并指引之后的工作。

要坚持计划表,按照计划的节奏去做,保持平衡并有效控制节奏,导师才能掌握和关注你的进度,在一定的阶段达到预期的目标,这样才能最有效地一起工作。在工作过程中,也不要完全受计划的限制,因为可能碰到新的问题,或者可能有新的发现,需要在必要时调整甚至根本改变原来的计划。一定要准备两个实验记录本。一本用于写实验计划,实验前用;另一本是实验记录本,实验结束后用。

课题计划也要讲究方法和技巧,比如计划的时间节点安排,需要具有一定的逻辑性和可操作性。日有日计划,周有周计划,并根据计划准备必要的实验条件,安排实验工作。一个值得推荐的做法是把日计划和周计划记载在实验记录本上,每天检查日计划完成情况,制订次日计划;每周最后一天检查周计划完成情况,制订次周计划。由于基础研究实验结果有一定的不可预见性,随时根据实验结果修订计划也是必要的。

除自己的实验结果有一定的不可预见性之外,现代科学的发展很快,瞬息万变。这反映在课题工作的研究路线和重要性上,也有一定程度上的不可预见性,必须随时根据文献上的最新动态,适当调整研究思路和课题计划。从小的方面来说,文献上有更好的实验方法发表,可以代替原来的方法。从较大的方面来说,有时本来准备做的工作,文献上已经有人发表报道,或者新的发展使得原来认为重要的问题丧失了其重要性,不得不完全放弃原来计划或从根本上修改。

DATE 2001.4.5

明天实验安排：纯化溶剂和单体以搞足阴离子聚合

溶剂为THF，今天用CaH₂浸泡。单体包括苯乙烯、4-乙烯基吡啶和二苯乙烯，其中苯乙烯和4-乙烯基吡啶今天用CaH₂浸泡处理，明天减压蒸馏前再取出来。

1. THF纯化（估计8个小时）
    THF先用CaH₂过夜处理，然后常压蒸馏1次。得到的馏分在Ar气氛中用金属钠/二苯甲酮回流，用量200~250 mL。
    注意：(1) 因为阴离子聚合要求绝对的无氧无水，因此THF在减压蒸馏后应马上进行钠/二苯甲酮回流。
    (2) 回流烧瓶中THF量不宜过多，一般不超过烧瓶体积的一半，同时钠/二苯甲酮回流体系应与大气相通，以防爆炸。

2. 苯乙烯纯化（估计3个小时）
    对CaH₂处理过的苯乙烯减压蒸馏2次，所得馏分保存于干净的二口烧瓶中，密封，充Ar气保存。
    注意：(1) 苯乙烯沸点145℃左右，普通机械泵抽真空到满刻度后，应该在较低温度下就可以得到馏分。
    (2) 纯化后的苯乙烯去除了阻聚剂，容易发生热聚合，因此馏分必须避光保存。

3. 4-乙烯基吡啶纯化（估计3个小时）
    与苯乙烯相同，4-乙烯基吡啶已经过CaH₂过夜处理，然后减压蒸馏2次，所得馏分也保存于干净二口烧瓶中，密封，充Ar气保存。
    注意：4-乙烯基吡啶沸点比苯乙烯略高，沸点158℃左右。

4. 二苯乙烯纯化
    根据参考文献（Wooley et al. JACS 1997, 119, 11653），不需要纯化，可以直接使用。

实验计划范本

天气：晴
气温：11-15°C
DATE 2001.4.6

纯化溶剂和单体以满足阴离子聚合

1. THF 纯化处理
   7:15 AM 用普通过滤纸对THF/CaH₂混和物过滤，过滤后的THF常压蒸馏，所得馏分约200mL，加入到金属钠/二苯甲酮回流烧瓶中，加热回流处理。
   14:31 PM 结束回流，收集处理过的THF，此时回流烧瓶中液体为蓝色，表示处理干净，否则是无色的。

2. 苯乙烯纯化处理
   8:20 AM 从干燥器中取出减压蒸馏玻璃器皿，搭建好装置，连接到真空机械泵上，抽真空，同时用火烤减压蒸馏装置，去除水分，通Ar气，反复3次后充Ar气保护，待装置冷却后置于油浴中。
   8:40 AM 用普通过滤纸对苯乙烯/CaH₂过滤，滤液加入减压蒸馏烧瓶中。
   9:05 AM 温度为室温，磁力搅拌后再抽真空，直至机械真空泵指示到满刻度，稳定3次钟后再冷凝起水。
   9:21 AM 逐渐升高油浴温度，到38°C左右时逐步观察到气流从蒸馏烧瓶中往上冒，稳定3-5分钟，再继续缓慢升高温度，大概43°C时气流冷凝成液体流到接收烧瓶中。
   10:18 AM 蒸馏烧瓶中尚有10mL残液时停止加热和抽真空，通入Ar气，逐步冷却到室温，取下接收瓶密封。
   10:31 AM 撤掉减压蒸馏装置，从干燥器中取出另一套减压蒸馏装置，对第一次馏液重复上述操作。
   12:10 PM 结束减压蒸馏，二次馏分用Ar气保存于二口烧瓶中，在冰箱中低温避光保存。

注意：(1) 所用苯乙烯和THF购于上海试剂有限公司，为分析纯。
     (2) 纯化苯乙烯无阻聚剂易热聚合，所以低温避光保存。

实验记录范本

2. 实验记录

实验记录是研究工作的一项极其重要的内容,是工作的基础。实验结束后,把实验步骤等细节一步一步清清楚楚写下来。研究成功的主要因素往往体现在坚持有效记录实验的能力之中,这很必要但不容易做到。在准备好实验参数之前,不要贸然地开始实验。要先把所有的实验材料准备好,把所有实验细节都考虑清楚,而这常常不被重视。有个学生有吸烟的习惯,一次在去仪器室做实验时,发现忘记带记录本,就把身上的烟盒拆了,把实验数据记录记在烟盒的背面,在无意中却把这张纸弄丢了,恰恰这一实验用的是一个宝贵的实验材料,再重复这一实验就十分费力。当然,现在的仪器都与计算机连接,结果都存储在计算机,但随手抓一个纸片记录实验结果是绝对不能允许的坏习惯。

除了实验计划和实验记录,还应该准备一份参考书目,列出研究工作中实际有用的参考文献。从做研究的第一天开始记录,要使用利于查找的方式记录,并在整个研究过程中保持记录。完成阶段性的工作后,撰写报告和论文,尤其是写毕业论文的时候,会非常需要它,它能在很大程度上减轻负担,提高效率。

三、高效率开展实验

1. 思想之花

关于如何高效率开展实验工作,先介绍一个著名气象学家叶笃正的例子。叶笃正 2006 年获得国家最高科学奖。据说他的习惯是随身带个小本,可以在百忙之中把思想的火花记下来。这个例子给我们一个很重要的经验:

(1) 要及时地把自己一点一滴的思想的火花记下来。

（2）有了思想的火花后，要及时跟踪，要对问题的细节加以研究，并把所有的细节都记录下来。

（3）要经常回访这些思想的火花。

科学就是要突破前人界限，所以需要我们付出巨大的努力。有许多聪明人，他们有不少思想的火花，但是没有记录下来，也没有及时跟踪和真正坐下来去做研究。久而久之他们中的"才子"就成了眼高手低的庸人。

著名生物化学家邹承鲁的回忆：

> 在英国学习期间时值第二次世界大战之后，英国的工作和生活条件都比较艰苦，但导师Keilin教授认为，在简单的实验条件下可以做出优秀的工作。他非常强调研究工作最主要的是靠创新的学术思想，善于在工作中发现问题，而不是依靠大量的先进仪器设备收集大量的数据。他自己一生影响最大的贡献之一是，发现细胞色素系统，就是依靠一台最普通的手持分光镜和一台普通显微镜联用完成的。在他整个研究生期间，实验室都没有可控温的离心机。这对于大量进行酶学研究的实验室是十分不方便的。整个实验室没有冷室，有的实验只能冬天在楼顶进行。楼顶既是我们整个实验室公用的冷室，又是公用的大通风柜。但这一切都没有阻止他的实验室每年都有高水平论文发表，成为全世界最著名的实验室之一。
>
> Keilin教授讲过一个故事：曾经有一位富有国家的科学家来访问他，这位科学家说他自己的实验室已经装备了这样那样的最先进的仪器，他问Keilin教授他应该进行什么工作。Keilin教授回答说：所有的先进仪器用钱都可以买到，但是先进的创新学术思想是用钱买不到的。

2. 实验条件

当然,这绝不是说,实验科学不需要一定的条件。没有必要的条件,先进的创新学术思想有时难以实现。但是,要在科学上取得重大突破,先进的创新学术思想和勤奋工作,总归是第一位的,是工作取得进展的内因。先进仪器只能是第二位的,只能是工作取得进展的外因和重要条件。在任何情况下,先进的创新学术思想和通过勤奋工作去实现这些思想以取得重大突破的能力都是不可取代的。

在实验过程中,不要过度地依赖仪器设备。在实验室条件不够的时候,可以采取合作的方式利用资源。也可以换一个思路,逐步地制订路线去实现目标和计划。内因外因都要兼顾。

在任何行业和领域都存在 80/20 定律,做实验的过程中也一样。80/20 定律的概念最早由意大利经济学家 Vilfredo Pareto 提出,揭示了投入与产出之间的关系。根据统计,80% 的成果产生于 20% 的工作。要学会有效地利用时间来产生重要成果。理论看似简单,但要将 80/20 定律掌握好并付诸实践有一定难度。

80/20 定律告诉我们:要仔细审视周围的人,20% 的同事能给你 80% 真正的帮助,他们是你真正的支持者,应该花时间向他们学习并与他们建立合作互助关系。要仔细审视你的工作,问问自己,哪些是应该集中精力去做的 20% 的工作。

3. 如何界定 80% 和 20%

如果以下表述成立的话,说明你是在做 80% 的无产出的工作:

你是在做别人想让你做但是你并不想做的任务。这样的工作效率肯定不高,做不好,也得不出好的结果。

你经常急促地要去完成很多紧急的任务。如果所有的任务都是紧急任务,匆匆忙忙完成,一定不是一种好的状态。

你花了大量的时候去做一件你不擅长的事情。

你完成某些事情的时间远远超过了你的预期。

你总是在抱怨付出太多,却得到太少。

反之,以下情况证明你是在做 20% 高产出的工作:

你所做的工作能促进整个工作目标的进展。

你可能在做你并不喜欢的一件事情,但是它对实现你的远大目标至关重要。

虽然对它并不擅长,但是你总是愿意去请教别人。

你的目标可以通过寻求帮助来实现。

你能感觉到成功的希望。

认识到 20% 高产出工作的所在,接下来要围绕它开展实验。

4. 可靠的实验结果

实验是一切实验科学的根本,所有结论都必须建立在坚实的实验结果之上,因此可靠的实验结果是怎样强调也不过分的。实验结果最主要的是可重复性,不仅事后自己能够重复,别人在同样实验条件下也能够重复。这样不仅自己有把握,别人也会相信。实验结果的可重复性体现在每次都能得到同样的结果。在一场足球比赛中 3:2 就是决定性的胜利,但在实验结果上 3:2 的结果只能认为是失败。比较满意的胜利至少应该是 3:0,在一定条件下 2:0 是可以接受的,但 1:0 就不能认为是可以接受的结果。实验结果的可重复性首先建立在实验材料,其次是在实验条件的严格性和可重复性上。再者,实验环境的清洁、工作程序的严格有序也是实验结果可重复性的重要因素。在工作开始之前,对这些问题给予充分的注意,花费一些时间,不仅是绝对必要的,总体来说,在时间上也是经济的。正确的结论只能建立在可重复的实验结果上,实验结果出乎意料并不可怕,从负面结果有时同样可以得出有价值的结论。可怕的是实验结果不能重复,如果多次实验,而每次都得到不同结果，只能表示整个工作完全得不到有价值的结果，那才是最大的时间浪费。

现代科学在很大程度上依赖仪器，特别是现代仪器自动化程度很高，进样之后，启动程序自动取得数据并自动存储于计算机之中。但是，千万不能忘记，任何仪器都不是万能的，所有仪器都有一定的条件限制，必须充分认识到，超出允许的条件之外，仪器完全可能给出一个甚至一组完全不可靠的数据。因此，在使用仪器之前务须充分地了解仪器的性能及适用范围，才能得到可信的结果。

有一项值得特别在此提出，就是使用仪器必须事先仔细阅读仪器说明书。另外，还必须仔细阅读原始文献中的实验方法，向做过类似实验的师兄姐们请教是必要的，但决不能代替阅读文献或说明书。儿童时代我们都玩过传话游戏。老师对第一个小朋友说一句话，第一个小朋友把话传给第二个，第二个再传给第三个……这句话传到最后，可能和老师最早给第一个小朋友说的话完全不同。可见，根据师兄姐们口头传授的经验进行工作有风险。有时实验方法的错误对一项工作可能是致命的错误，传授经验的人是不会代你负责的。与此有关的一条经验是，论文中的引用文献必须核对，转引自其他文献同样可能发生错误。

和实验结果的可重复性同样重要而又密切相关的是实验结果的精确度。不同实验结果的精确度有不同的要求，要求过高是浪费，过低则不能满足需要。给出的数据也有类似问题。每一项测定都有一定的精确度，如果一项测定的精确度为三位有效数字，则给出三位以上数字是完全没有意义的，并且只能说明作者完全缺乏有效数字的概念。这不仅适用于直接获得的初始数据，对从初始数据得出的次级数据也同样适用。例如，对一组精确度为三位有效数字的测定结果予以平均，最终给出四位以上的平均数计算结果，也没有必要。

5. 如何设计实验方案

要判别不同的假设,好的实验方案应该能辨别两种不同假设之间的区别。如果实验方案很糟糕,实验结果会得出不止一个结论。那就需要从头重新规划。

好的科学与好的实验设计密切相关,确定实验设计可从以下三个方面判别:

(1)确定目标　在实验中想要测试的东西(比如想要回答的问题,想要证实的假设等)。

(2)设计方案　如何达到目标,实验的规模和范围,计划重复几次。

(3)实验细节　草拟出实验细节,包括需要哪些工具和仪器,实验要花费多长时间(一小时,一天,或是一个月)。

研究生必须学习如何设计实验,以得到可靠和可重复的结果。要设计实验验证假设。为了以上目的,必须制订一份清单,记录需要回答的每个问题。这份清单就是实验步骤。实验步骤应该包括合适的方法、技术和设备。

(1)准备材料和仪器　列出实验需要的所有东西的清单,包括化学试剂、玻璃仪器和反应瓶、仪器、电脑软件等。事先准备好所有的材料和仪器,确保一切就绪,并校准好仪器。

(2)记录数据　实验通常是一系列。例如,改变一个变量而同时进行一系列实验。测量每个测试中变量对特定系统的影响。在每一个独立的测试中,改变不同的量会对系统产生不同的影响,测试这一响应并把数据记录在表格中。这些数据即为未经分析的原始数据,原始数据经过分析才能得出结果。

(3)记录现象　记录实验中观察到的所有现象,并注明出现的所有问题。务必仔细注明每一件事,尤其实验过程中发生的任何事情(不管当时它看起来有多么微不足道)。详细的数据收集和观察对实验方法至关重要。当然,你观察到的现象,在得出结论后可能没有意义,而被当作实验错误。

(4) 分析原始数据 最后需要通过计算把原始数据转化为数据,得出结论。例如,空的反应瓶重量记录为"圆底烧瓶的重量",加入硝酸钠后称量得到的重量记录为"烧瓶+硝酸钠的重量",计算实验中所用的硝酸钠样品的质量即为(烧瓶+硝酸钠的重量)-(烧瓶的重量)。

没有任何东西是微小得完全不用记录在实验笔记本上。不要太依赖记忆,时间一长,写论文的实验部分时,必然会忘记细节。

(5) 结论 通过实验数据和实验现象中找到的趋势,便能尝试回答实验开始时和实验过程中提出的问题,此时可以通过假设是否正确来评估实验。理论上可以评估假设的预测结果与实际结果之间的关系,并推断基于预测的解释是否有足够的数据支持。

(6) 总结其他事情 如果假设不正确,你的问题是否有其他可能的答案?总结实验过程中的所有困难和问题。是否改变方法重复实验?接下来的实验可能会有什么困难?列出你学到的任何方面。尝试回答实验中出现的其他相关问题。科学研究中一件令人兴奋的事情是,分析数据可能得到一些意想不到的其他假设,如公式的归纳、对自然现象的解释。讨论实验中所有的误差。

最后,你的数据是否可信?

正确地设计并按照设计方案进行实验,却没有仔细观察超出控制的所有事情,变量的改变可能不会对研究系统产生任何影响。

如果没有仔细观察一系列实验中的恒量和可重复性趋势,实验误差就可能影响结果。

如果不能确定实验误差对结果的实际影响,就需要重新考虑实验设计。复查实验中的每一个步骤,找出潜在误差的来源。

如果可能,请高级科学工作者或研究生同学一起复查实验步骤。这是因为实验设计人有可能忽略一些显而易见的问题。

6. 实验不能按计划进行怎么办

无论发生什么,无论实验是否成功,都将从中学到一些东西。因为科学并非只为得到答案。即使实验不能回答具体问题,但可能提供设计其他实验的思路。所得可能达不到预期的效果,但实际上可能是另一个重要环节。失败的实验是找出答案的必经之路。对错误假设的思考有其特殊的意义,它能帮你指引下一个研究的方向。

要逐月记录进程。保持目标方向:

在上个月得到的数据中,哪个是最重要的?

是否偏离了上个月的计划?如果是,为什么?

下个月最重要的目标是什么?

为了达到目标,到底应该怎么做?可能要面对哪些困难,以及如何克服它们?

以上四个问题的答案提示如下四个事实。

(1) 事实一　首先,你会觉得上个月完成的事情多得无法总结。但是,如果将精力集中在对论文真正重要的项目上,便能化繁为简。然后,会很震惊地发现,上个月浪费了太多时间在无关紧要的项目上(80/20原则)。大多数博士毕业生的后见之明都认为,如果他们只遵循一条富有成效的路径,他们早就能拿到学位了。

当然,研究的精华在于无法提前得知答案,也没有捷径可循,更不是所有的路线都能成功。但是,列出优先次序是不无裨益的。

(2) 事实二　这是比较艰难的部分。要比较本月对第一个问题的答案(即你做了什么)和上个月对第三个问题的答案(你打算做什么)。通常你会发现只做了上个月计划中的一小部分工作。尝试记录下没有做得更多的原因。显而易见,重读前几个月对第二个问题的答案,会了解自己的工作模式。意识到工作方式中的问题,通常就是通往发现之旅的第一步,也是最艰难的一步。

(3) **事实三** 因为上进心,接下来你无疑会有很多计划。但是,如果认真考虑第二个问题的答案,你将更加明智。必须精简后续的目标,否则将一无所成。实际上,你应该做的是如何将后续的计划列出优先次序,这往往很难。没有正确的优先顺序是通往硕士或博士学位的主要陷阱。必须保证你后续的工作确实可行,需要指导时应该多咨询导师。

(4) **事实四** 掌握了第四个问题的答案,就成为专家。了解计划中的潜在困难和障碍,后续的工作会容易得多。发现解决困难的方法往往极其困难。

磨刀不误砍柴工,花时间预见障碍并采取正确的措施消除阻碍,是非常值得的。保持先见之明不仅是成功得到学位的核心,而且对将来所有的工作都有所帮助。要确保有效利用时间,切勿陷入另一个陷阱。平衡利用以下时间:少工作几个小时(在健身房花一个小时锻炼往往比无休止地待在实验室有效得多);考虑其他可能的障碍并设法规避;在相关的工作上做一点额外的工作。

有经验的科学家会明白研究工作中总会有失败,而不是永远按制订好的计划顺利进行;经验不足的人却很难平衡处理预期与失败之间的关系。面对实验的失败,要有效地控制情绪和状态,降低它的影响。当压力太大时,需要花点时间来释放压力。参加体育锻炼可能是目前放松调整情绪的最有效的方式。一张一弛,文武之道,不要因花费时间调整状态而有犯罪感,重要的是要尽快回归良好状态。每个研究生都会碰到困难和挫折,这并非丢脸的事情,困难不会自己离开,如果不想办法解决它,会被压力和焦虑所困,很难重新回到正确的道路上。

当事情太多、压力太大,无法承受时,需要寻求理解和倾诉对象。比如,与父母或朋友沟通交流,也是最好的释放压力的方式之一。新生来到一个陌生的新环境,要多与别人合作,多交朋友,多些交流。这样,不但能释放压力,合作本身也令人愉悦。建立良好的关系,无论是跟导师或是同学,对大家放松压力和提高实验研究进度都有帮助。不要简单地待在实验室里闷头做,有很多方面都需要关注,需要各方面的能力,不要被动地应付毕业。在研究生涯中,要学会寻找乐趣,也要留出享受乐趣的时间,要知道,在实验室之外,生活还有更多。

四、 阶段性总结

阶段性总结的重要性体现在以下方面。

不断小结与不断完善,在实验记录本上记载每周计划的目的之一就是在周末检查和小结,并根据结果制订下周计划。

很多导师都建议,在工作顺利时要注意随时进行阶段性小结。特别是在工作顺利时,新的实验数据不断涌现,常常会使人忙于收集大量实验数据,而忽略检查实验数据的可靠性,以及对实验数据所说明的问题的深入思考,或者说是只见树木,不见森林。因而,收集了大量无用的、错误的或意义不大的实验数据,反而忽略了真正关键的数据,包括必不可少的对照实验。这些必不可少的对照实验,当时做是非常方便的,而事后补做往往费时费力。

随时进行阶段性小结不仅可以随时发现问题随时予以解决,还可以随时注意深入问题,重视每一个细节,还要不断总览全局,才不致迷失方向,这就是我国古人说"做学问不仅要入乎其中还要出乎其外"的道理。

随时进行阶段性小结的另一目的,就是对所得的初步结论随时予以检查,每一项实验结果都可能有多种不同的解释,特别是在实验出现重要结果时,最容易犯的错误就是轻率得出结论,要有自以为非的勇气。

参加各种水平的学术会议也是小结的一种方法。工作报告的目的在于交流和随时听取不同意见。容易忽视的问题别人有时可以一眼发现。所谓当局者迷,旁观者清在科学上也是完全正确的。

参加国际学术会议是考验自己工作的极好机会。特别是小型会议,在国外与自己工作有关的实验室作学术报告会上,由于熟悉自己工作领域的同行较多,讨论比较充分,更容易发现工作中的问题。一项系列性的研究,在多次报告,并经过多次讨论的考验后,才会逐渐趋向成熟,得出可靠的结论。

第六章 合作与交流

> I used to think anyone doing anything weird was weird. Now I know that it is the people that call others weird that are weird.
>
> ——Paul McCartney

把研究活动当作远离现实、远离社会交往的活动,这是对研究最常见的一种误解。虽然在很多时候要独立工作,比如思考和写作,但这并不是事情的全部,甚至只是研究生阶段比较少的一部分。身边有一个很大的学术网络,作为一名积极的研究者,必须跟他们保持互动与合作。这个网络里包括了导师、系里其他教师、辅导员、合作者、技术人员等,这个名单在一些专业甚至会非常长。要想做一名优秀的研究生,必须利用好所有机会。研究生学习是一个高度互动的过程,不仅需要发展学术方面的技能,还需要发展社会交往的技能。

一、与团队成员的合作

1. 重视团队合作

理工科研究生也许是某个研究团队中的一员,比如整个团队致力于寻找一种抗癌药物,这是生命科学研究领域常见的一个例子。显然,作为团队负责人,导师申请到了某个或者几个重要的项目来支持这个庞大计划。每个学生负责一个特定的问题,每个问题又和别人负责的问题密切相关。从理论上来说,整个团队可以也需要自由交换信息,协调一致工作。但在很多情况下,研究生们小心翼翼地守护着自己负责的那些研究工作,生怕别人的新发现导致自己的研究不值得再继续下去。

研究生学位应该授予有原创性贡献的人。在上面描述的研究项目中,研究生有两种担忧:第一,担心别人的工作太接近自己的,可能降低自己工作的重要性;第二,担心别人更快做出东西,并证明自己的研究路线是错误的。

在同一个研究团队中,人们应该让别人更好地理解自己的工作,而不是制造隔阂;研究生之间更需要的是合作,而不是竞争。可惜的是,隔阂和孤立成为了很多研究生学习过程中的主旋律。就这点来说,跟人文社会科学的研究生比起来,理工科的研究生们孤立感好像更强烈,可能是知识产权保护在自然科学领域里更加重要也更加敏感。要打破这种状态,因为研究生阶段除了向导师学习,另一个重要的资源是研究生之间的相互学习,后者在很多时候比前者还重要。

2. 学会相处

研究生必须接受这样的事实——你所在的位置并非学术等级

的顶端,而刚入学的研究生只不过是初出茅庐的新手。因此,在整个研究生学习期间,尤其是刚开始的一段时间里,需要更加规矩和低调,虚心地学习。研究生们经常抱怨科研体制如何不好,但请记住,在国际上这个学术系统的悠久历史可以追溯到欧洲中世纪。在如此长的历史进程中必然形成了应对抱怨的方法。一个比较重要的策略是,知道什么时候不予计较,而什么时候必须持之以恒、决不放弃,这需要不断去琢磨找到适当的技巧。否则,会捡了芝麻丢了西瓜,得不偿失。比如,院系开设了一系列专业课程,你对这些专业课程的必要性和重要性会有些怀疑,因为有些课程实在太陈旧了,但跟一个负责某门课程的教授发生激烈冲突不可能有什么好结果。不但解决不了问题,有可能给学习和研究带来负面效果。相比之下,在合适的时机,提一些措辞委婉的建设性意见,更有可能达到预期的目标。

顺利完成论文,需要别人的帮助。这种帮助不会自动产生。任何人做任何研究,即使只是理论研究,也不可能局限于一个很狭小的世界里,必须与外界有信息的交换。要有很强的合作交流意识,与所有人处理好关系,建立友谊。只有努力把身边的资源充分利用起来,论文写作才会比较顺利。从团队得到帮助比从外界猎取帮助更有利,因为它和你息息相关,一定要积极主动。即使你主动去寻求帮助,别人也不一定按照你希望的方式来帮助你。这就更需要长期的沟通,要有合理的心理预期,进行适当的调整。那些做事方式与你不同的人可能不愿意与你交流。通常我们可能会羞于承认这种因不同性格导致的分歧,转而向其他人寻求帮助,或选择自己完成所有的事情。但是,只靠自己明显会拖慢进程,降低效率。合作和交流不仅仅是一门技术,更是一门艺术。创造一个比较舒服、友好的环境氛围,再沟通交流,可能更容易实现目标,事半功倍。愿意与你合作的人越多,工作就能做得越好,也就有更多人愿意与你合作,从而形成一种良性循环。

绝大多数情况下，论文要致谢很多人，因为准备论文期间，必然得到很多的合作与支持，可能包括实验室所有人的支持，导师、组里的博士后、研究生、实验室助手、计算机专家、技术员等，或多或少都会给予帮助。任何人都不会是孤立的，必须处理好与身边所有人的关系，无论喜欢的还是不喜欢的。跟其中那些天然契合的人合作，从一开始就会是愉快和有效的；而另一些人可能会比较难以交流，他们可能对计划有不同的意见，可能更直言不讳，坚持细节，对大局缺乏想象力。与这两类人相处，都要创造愉快而高效的合作氛围，学习生涯才能更加顺利。

与专业相近的人合作有利于加快进展，但从个人的发展来看，这只是一个方面。另一个很重要的方面是与不同专业背景的人合作。背景相同，同一课题组的人思路相似；与之合作，得到的信息更多是细节上的，而不是视野上的开阔。与背景不同的人合作，尤其是做一些原创性的工作时，作用非常显著。它会在一定程度上开阔思路，实现发展，这是一个潜移默化的过程。

3. 相互理解

由于个性的差异，总会有些人不愿意合作，难免产生一些摩擦。这种摩擦可能会引起很多问题，导致团队工作无法有效进展。如何尽量减少甚至是避免摩擦，学习一些心理学的知识会很有帮助。每个人都有其独特的个性，通常很难改变。了解团队成员（课题组成员）的背景，他喜欢什么不喜欢什么，愿意做什么不愿意做什么，通过适当的方式来合作，工作会更加有效。一个团队中，不同类型的人都是很重要，很有必要的，做事方式的不同，对最终成果有不同的贡献。

了解各自的优点和弱点，是团队获得成果的第一步。尊重对方和交流方式，相互支持，相互弥补优点和弱点，有利于协调团队关系，进行规划和沟通，把事情做得更好。

有很多方法能帮助你辨别实验室其他人(包括你的导师)的工作方式。通常有一种在研究团队中引起摩擦的现象,可能比人们想像的更普遍,而目前无法通过已知的社交方式解决,这种现象即为金童综合征(The Golden Boy Syndrome)。在很多实验室里,总有人特别出色,脱颖而出。他们很容易得到数据,论文发表在高影响因子的顶尖期刊上。开组会时,他们似乎往往成为焦点和亮点。导师将他们捧上天,把更多的精力和时间花在这个人身上,其他人只能尾随其后。社会学上有一个非常知名的词——马太效应,即强者越强,弱者越弱。因为强者能得到更多的资源和支持,所以会发展得更快,变得越来越强。相对来说,弱者发展会更慢,这是一种非常准的现象。如何处理这种情况?首先心态要平衡,要承认这种现象的存在的合理性,接受人生而不同的事实,金童可能是真正的天赋异禀。但是,受到太多的关注也可能阻碍他们的天赋,增加压力。与之竞争或试图得到等量的赞赏和注意是毫无意义的,甚至往往适得其反。

如果你内向,又不是所谓的金童,很容易被忽视,这对你的发展相当不利。要通过主动改变来调整现状,积极努力取得一些进展来让导师意识到你的存在,感觉到你在特定领域有所进展。不要提及金童,不要抱怨,企图诋毁金童,这对你没有任何好处。每个人情况不同,不要走极端,导致两败俱伤,不要因为他的存在阻碍了你的发展,你和其他组员一样值得导师的尊重,坚持自我定能分享光芒。

二、建立人际关系网络

交流沟通的目的在于传递信息。做任何事情,都需要合作交流,只有通过交流,才能获取信息;只有通过合作,才能获得成功。科学研究,同样必须积极参与合作与交流。

1. 关系网络结构

有一种普遍的误解，认为人际关系网络就是一小群人彼此提供道德界限模糊的特殊优惠，并在这个过程中牺牲了其他一些人品好但关系不够的普通人的利益。这只是人际关系中的一种，而这里讲的人际关系网络是一种普适的正常关系，支持道德规范和职业规范的人际关系。认识这些人，可以从他们那里寻求建议。

人际关系网络不会自己形成，而是逐步建立起来，不论建立过程是有意识的还是无意识的。就算平时不需要有意识地努力就能有很好的人缘，研究生阶段的人际关系网络可能和通常理解的概念并非完全一样，了解这个网络的构成对发展会很有帮助。

人际关系中第一层网络，对于理工科研究生和大部分人文社会科学的研究生来说，应该是团队的全体成员。这里的核心当然是导师，我们在前面章节已经充分说明了导师对于完成学位论文的重要性。然而，团队其他成员，里面可能有其他老师、博士后和研究生们，朝夕相处，既能为你的研究方向提供非常有益的建议，也能帮助你完成部分研究任务，还能协助你解决生活上的一些难题。毫无疑问，在攻读研究生期间取得成就的大小和研究的顺利程度，与他们的支持力度息息相关。

第二层网络的重要组成部分，应该是一些能在学术上给予你帮助的资深学者或者其他专业人士。最重要的，可能是团队以外的合作者，他们重视你的研究进展，对每个细节可能都非常关心，当然也最愿意提供所有必需的支持。因为作为合作者，帮助你也是在帮助他们自己。还有对你的研究感兴趣的其他教授，他们愿意阅读你的论文，做出评论，提供有用的信息，把你介绍给其他研究人员，等等。还有一些重要的技术专家，比如擅长做透射电子显微镜的技术人员，可能对你的研究工作质量起到重要作用。

第三层网络包括了所有支持你的人，他们不一定理解你的学位论文工作,但会帮助你平衡工作与生活,在你忙得不亦乐乎时为你送来便当,在你失败沮丧的时候给你鼓励支持。他们可以是家人、同学或朋友。

2. 建立联系

在大多数情况下,这些关系网络是随机形成的。遇到了某个人,又碰巧喜欢这个人,或发现这个人有用,接着就会和这个人保持联系。有时候,为了寻找某种特定的帮助或指导,需要采取一些策略。下面是人际关系网络中最典型的三个来源。

> 相同或相似研究方向的作者;
> 在学术会议上碰到的、发表了有趣而且与你工作相关的人;
> 信任的人推荐的,比如导师介绍的人。

一旦发现了一些可能的人选,就应该做些前期工作,然后与他们建立起联系。前期工作主要包括一些调研,包括浏览他们的网页,询问认识他们的其他人,等等。

在与他们联系前,一定要想清楚,期望从他们那里得到什么。仅仅告诉他们你的研究工作是不够的,他们听了可能会想,"那又怎么样"。要坦率讲清楚,比如请他们阐释其专著中某些问题的细节,还是想找个机会合作从事某项研究,又或者是邀请他审阅你的论文。问题越明确,越能显示出你有备而来,成功概率就越大。请记住,想接近的人可能有一定地位,也许很多研究生都想接近他。很多研究生在见面时只会问一些模糊的、懒惰的问题,这类问题基本上就是一个意思,"把你的所有研究信息都告诉我"或者"你们是如何做出这么多重要的成果",对方往往不知道从哪着手来回答。

学会沟通,掌握常用的技巧,也是很重要的。

在具体操作过程中,有两个手段可能会非常有用。第一个手段是赞美对方的研究工作,这种赞美应该是坦率的、明确的、简洁的和准确的。也就是说,它应该从你的口中自然而然地、不加掩饰地流露,并能让对方产生具体的回应。不可以过分夸奖,说的好话必须在一定程度上反映事实。第二个手段是,开会期间主动给对方提供一杯咖啡或者茶。在西方国家,也可以试着邀请对方在会议期间喝一杯。借此机会,你可以得到一些非正式的建议,比如就业前景、投稿要求、未来研究方向等。

在大多数情况下,并没有与他们当面讨论的机会,可以通过电话开始第一次接触。打电话尽量用一两句话就把意图表达清楚。最有效的方法,是一开始就在电话里说明你跟对方联系的原因,比如导师或其他熟人介绍的,或者你看了他们的论文非常感兴趣。在简略联系后,应该说明自己的身份和需要。

聪明的研究人员总是喜欢有新想法的学生,自然他们会欢迎这类学生的来电,但是他们会非常繁忙,日程排得满满当当,所以不要以为他们总是有时间分给你,也不要期望他们总是对你感兴趣而热情回应。电话联系的最佳条件还是你给对方先下"诱饵",比如某个对方认识的人已经跟对方提起过你。

如果不习惯打电话,觉得很难为情或者怕对方恼火,那也可以发邮件。但是请注意,很多著名学者总是会收到很多想要找他帮忙的信件。如果信写得很无聊,比如"亲爱的李老师,我是一名复旦大学的研究生,正在做关于纳米材料的研究工作,希望在选题方面得到您的指导"。这类邮件只会显示出学生的无能,教授们或其他资深研究人员会认为这样的学生不值得搭理。相反,如果学生能够高效概括自己研究的主要信息,并提出具体的问题,那么邮件就会变得有趣得多,可能会收到回复。

一般来说,这些资深学者都非常忙,可能会把邮件搁置在一边。也有可能本来计划回复的,但因为忙起来就完全忘记了。但在某个学术会议上和他相遇时,可以自我介绍提起那封邮件,他可能会留下好印象。

不管怎么样,写出一封专业而动情的邮件,可以大幅度提高成功的机会。那么,如何写这样的邮件呢?这里先概括,本章后面会详细介绍如何写一封专业的邮件,包括阐述各种细节的重要性。请核对,以下的重要信息是否都包括进去了:

> 收信人的姓名和称呼都写对了吗?
> 对背景信息总结得清楚全面吗?
> 导师或者其他资深学者认为你的问题有趣吗?
> 你的问题让一个正常人回答大概需要花费多长时间?如果超过十分钟,就必须考虑重新组织问题。
> 你的信是否需要翻页才能读完?如果是,精简它。
> 你的信是否充分展示了你自己?
> 你的信可以给对方提供什么东西吗?如果是,你能做到吗?

充分利用各种学术会议来建立和扩展自己的学术网络。在学术会议上,要有意识准备一些有趣的、与对方相关的话题讨论。可以夸奖对方,但说完好话后要提出问题,否则谈话就无法进行下去了。提出的问题,最好是需要对方用几句话才能回答的,比如:"李老师,我对你们的太阳能电池工作非常感兴趣,它们可以用到火星上去吗?"

如果对方在学术会议上提出了很好的问题,可以会后找他谈谈你对该问题或相关问题的看法。如果看到想认识的人正在和一个你认识的人交流,可以请这个人帮忙介绍。如果对方正站在一群人中讨论问题,可以凑到人群边上听他们的谈话,等待说话的机会,或者询问能否加入讨论。想留住这些资深学者讨论,最好的时机是会议结束后,在人们离席准备喝咖啡或者吃午餐的空当。但也要注意,不要耽误对方喝咖啡或茶,应该边走边谈。别以为自己无足轻重,甚至不值得别人感兴趣。那些科学家往往喜欢新鲜的想法和问题,通常会乐于听到好想法和好问题。他们也曾经是学生,他们中的很多人仍然对学生时代记忆犹新。

3. 被忽视的人

上面谈到的主要是如何联系跟你研究工作相关的专业人员,是在学位论文研究方面得到帮助。除此之外,还有很多人可以在其他方面帮到你,他们可能会被忽视,所以这里有必要讨论这些人的作用。

(1) 辅导员和班主任 在中国大学和科研机构,研究生班级都会配备辅导员与班主任。辅导员一般比研究生们稍大,但都不是资深人员,可以在获取各种资源方面提供重要帮助。班主任一般由研究生导师担任,具有比较丰富的工作经验,也是关心学生生活、职业和学术发展的人。他们在研究方面有很多经验可分享,他们会告诉你获取成功的诀窍,展示你根本不知道如何去寻找的东西,比如,如何准备一份非常专业的简历。充分利用好这些关系,会让你的工作和生活更有质量。

(2) 行政辅助人员 一定要尊敬学校里的技术人员、行政管理人员、保安人员等,不要低估了他们的价值。这些人员是各种有用信息的保管者和整理者。他们使学校得以正常运转,他们提供了研究相关的必要信息和服务。试想一下,如果想知道政府政策的内幕细节,你是去问部长,还是去问具体处理的办事机关?记者们深谙此道,总是会与他们调查对象的秘书搞好关系。

(3) 其他优秀的人 多认识优秀的人,包括其他院系的研究生们,他们是你攻读研究生学位的优秀榜样,可以向他们学习,他们也是你未来长期发展的重要资源。他们有些交际广泛,可以共享很多宝贵的资源;可能是潜在的合作者,或者介绍合适的合作者;也有可能只是人很好,乐于帮忙,愿意在你失败时陪你打场球或者吃个饭,给你鼓励、支持。

知识就是力量,稀缺的知识就是更大的力量。得找到真正需要了解的东西,最好的方式是找对人。谁是最合适的人选?答案是一个很有知识的人。显然,在大部分情况下,这不大可能是另外一个在读的研究生。如果他还是一个学生,不管他如何想帮你,对你如何友好,也无法确定他给出的建议是真诚并且正确的还是真诚但是错误的。因为他自己都还没有顺利完成研究生学习,难以全面而准确地提供需要的信息。在个人生活和部分研究活动中,同学是不错的支持力量,比如帮忙照看小孩和做个标准的样品测试,同学是很好的助手。但是如果想就某个主题写篇综述性论文,或者判断目前研究工作的科学意义是否足够,同学也许不能算是最合适的人选。需要去找在相关问题上具有成功记录的资深学者请教,比如相关研究方向的教授或类似水平的科学家。要发自内心地感谢他们提供的宝贵帮助,并对他们提供的建议高度保密,除非他们特别要求你公开说明。最有用的知识,往往是极少数人知道并且是人们最不愿意提供的。例如,自然科学专业的研究生特别想知道,如何做出一流的研究成果,自己的成果如何发表在顶尖学术期刊上,这样的问题很难找到答案和帮助,只有世界最顶尖的科学家能够提供一些启发。

三、参加学术会议

1. 交流的机会

大部分研究生及时了解本学科领域最新进展的主要方式是阅

读相关专业期刊,但学术期刊上的论文主要提供了一些点滴信息,即使你花大量时间把同一个教授发表的所有论文都读一遍,也不一定能完全弄清楚他们的研究逻辑,而论文背后的故事你更加不可能知晓。然而,这些背后的故事对于研究工作可能很有启发,比如一个重要的研究项目是如何在无意中发现的。去参加学术会议,听听他的报告,可以对他的工作甚至相关领域研究有更加全面的认识。还可以利用中间休息的时间去跟他当面讨论,了解论文背后的故事,一般大家还是很愿意分享的。

学术会议是很好的交流机会,参加学术会议可以受到很多启发,获得很多专业方面以及其他方面的信息。特别是要多听一些大师的学术报告,多向他们提问,与之讨论,既能了解大师们的想法,获取信息,影响你的思考方式,而且有利于建立学术网络。如果想去他那里读博士后,或者将来独立做研究,从积极参加学术报告和学术会议都能获取非常重要的学术网络。学术网络的建立不能急于一时,而是需要通过各种方式慢慢建立和积累。所以,要抓住机会多与人交流,给他人留下深刻乃至良好的印象。碰到困难的时候,才会有更多的人乐于提供帮助。

2. 参会事项

各种学术会议繁多,可以征询导师或者高年级研究生们的建议,选择一个跟研究方向最相关的专业会议去参加。在去开会前,必须在规定的时间节点内递交摘要,这个摘要往往只有几段话,工作量比较小。但是请注意,有些专业会议在递交摘要后,还须再递交全文。

如果摘要被批准,也获得了学校或者导师的资助,还须安排旅行和食宿等相关事务。如果是国内学术会议,相对准备起来就很方便,网上预订就能完成所有事情。如果是国际学术会议,建议最好跟随导师或者有经验的高年级同学一起前往,确保安全和高效率。到达指定地方后,还应该遵循会议要求注册签到,这个一般都比较简单。

注册后会收到相关的会议资料,拿到资料后,关注下面一些事情:

> 仔细看看参加会议的人员名单。谁在这个名单上?你最期待见到谁?他们会做报告吗?
>
> 看一下会议分组和论文标题,然后计划好每天应该出席哪个讨论会。哪些部分报告不应该错过?讨论会什么时候开始?
>
> 参加全体会议通常是个好主意。

第一次参加学术会议,可能只是做一个墙报来展示研究工作,这个墙报可能在某个晚上放到合适的房间让同行们参观,当然你必须在现场随时解释并回答大家的问题。导师或者其他高年级研究生也可以帮助你一起回答,所以压力相对比较小。也可能做口头报告,这可能将面临比较大的压力,但也不要太担心,每个人都必须经历第一次。在这种情况下,你面对的是一场不对称的力量对比。对于听众而言,你现在所讲的研究成果可能还没有那么吸引他们,或者他们比你对这个方向更加有经验。那么,怎么办?

一个减压的好方式,就是去之前通过在公共场合演讲来积累经验。比如,在系里的研讨会上,提前进行报告预演,一定要珍惜这样的锻炼机会;或者在组会上,做一次预讲,导师总是会很支持的,并会给你提供很多经验。因为他也希望你做一个精彩的报告,不希望你影响他的学术声誉,当然更希望你做得很好来提高研究工作的影响力。

参加学术会议,一方面是获得最新的研究进展,另一方面也是

建立学术网络的好机会,要事先准备好,利用各种机会,包括以下方法:

> 利用各种研讨和小组交流活动;
>
> 充分利用做学术报告的机会展示自己工作的创新性;
>
> 积极参加别人的学术报告并踊跃提问,如果对方或者其他听众觉得你的问题很有趣,他们会记住你的;
>
> 如果你听到很有趣的对话,那么就站在周围可以让别人看到的位置,直到有机会参与讨论。一个简单的问题,或者适当时开个小玩笑,或者直接问你是否可以参与这个话题的讨论;
>
> 让导师或者其他熟人介绍你想认识的人;
>
> 跟你感兴趣的关键人物早点接触,包括参加他们的报告和其他活动;
>
> 跟和你恰好坐在一起的人说话;
>
> 当你在和别人对话的时候,避免滔滔不绝或者用你的观点来取悦别人,这时候谈问题往往比陈述更加有效。

3. 积极交流

要学会与别人交流。不要患得患失——自己有一点小小的新想法,不愿拿出来和同行交流,闭门造车。交流之所以重要,因为它是一个相互引发从而自我触发的过程。与朋友的交流往往可以避免弯路,也可以大大促进科研的进程,特别是专长不同的人之间可以互助弥补不足。例如,研究物理、海洋的与研究化学、生物的结合在一起,研究理论和观测或研究数模的结合在一起,可以互相启发,集思广益,从而得以突破一个人单枪匹马不可能攻克的难关,这也就是常常说的头脑风暴。

学海无涯,每个人都有自己不懂的领域。因此,要有"打破砂锅问到底"的精神,或者说是:"May I ask a stupid question?" However, there is no such thing as "a stupid question". 对一个科学家而言,不懂装懂才是可耻。

有一种关于交流的著名效应叫 Janitor Effect:碰到很困难的问题,百思不得其解,正在这个时候清洁工进来打扫卫生。于是,你就抓住这个机会,开始向他解释你的困惑。因为清洁工对你的问题根本不懂,所以不得不把所有的细节都加以解释。正因为很细致地把问题重新考虑梳理了一遍,很可能触发一些本来很难意识到的情况,从而发现解决问题的关键。于是,你因此大大地感谢了清洁工一番,而清洁工却还是一头雾水,莫名其妙。这就是有名的清洁工效应。与清洁工交流尚且如此,如果和实验室其他人交流,显然会更有帮助,他说不定还能给你一些建议。

四、邮件联系

接下来要讨论的事情看似微不足道,但实际上确是很大的一个问题。很多同学曾经提到:为什么联系国外的教授,不管是去读博士还是做博士后,总是得不到回复?是因为我条件不好,对方不感兴趣?可能会有这方面的原因,尤其当你的工作做得并不出色的时候;也有很多同学很优秀,科研做得很好,但也得不到回复,原因也许是你的邮件给对方的印象不好。撰写邮件也是重要的交流方式之一,如何写一封高质量、有效的邮件至关重要,这就涉及发邮件的礼仪。

1. 发邮件

(1) 关于主题　　主题是接收者了解邮件的第一信息,因此要提纲挈领,使用有意义的主题行,这样可以让收件人迅速了解邮件内容并判断其重要性。

一定不要空白标题,这是最失礼的;

标题要简短,不宜冗长;

标题要能真实反映文章的内容和重要性,切忌使用含义不清的标题,如"王先生收";

一封信尽可能只针对一个主题,不在一封信内谈及多件事情,这样邮件的效率更高,也方便别人整理;

可适当使用大写字母或特殊字符(如＊、！等)来突出标题,引起收件人注意,但应适度,特别是不要随便使用"紧急"之类的字眼;

回复对方邮件时,可以根据回复内容需要更改标题,不要 RE、RE 一大串。

尤其是初次,要根据内容对标题做一定的处理。

(2) **关于称呼与问候**　恰当地称呼收件者,拿捏尺度。邮件的开头要称呼收件人。这既显得礼貌,也明确提醒某收件人,此邮件是面向他的,要求其给出必要的回应;在多个收件人的情况下可以称呼大家、all。

如果对方有职务,应按职务尊称对方,如"X 经理";如果不清楚职务,则应按通常的"X 先生""X 小姐"称呼,但要把性别先搞清楚。

不熟悉的人不宜直接称呼全名,称呼全名也是不礼貌的。

邮件开头结尾最好要有问候语。

最简单的方式是英文邮件开头写一个"Hi",中文邮件写"你好"。结尾常见的写 Best Regards,中文的写"祝您顺利"之类的就可以了。礼貌一些总是好的,即便邮件中有些地方不妥,对方也能平静看待。

(3) **邮件正文要简明扼要,行文通顺**　邮件正文应简明扼要地说清楚事情;如果具体内容确实很多,正文应只作摘要介绍,然后单独写一个文件作为附件进行详细描述。正文行文应通顺,多用简单词汇和短句,准确清晰地表达,不要出现让人晦涩难懂的语句,最好不要让别人拉滚动条才能看完你的邮件。

(4) 注意邮件的论述语气　根据收件人与自己的熟络程度、等级关系,邮件是对内还是对外性质的不同,选择恰当的语气进行论述,注意分寸,以免引起对方不适。尊重对方,请、谢谢之类的语句要经常出现。电子邮件可能被转发,因此对别人意见的评论必须谨慎而客观。

(5) 邮件正文清晰明确　如果事情复杂,最好列几个段落清晰明确地说明。保持每个段落简短不冗长,没人有时间仔细看不分段的长篇大论。一次邮件交待完整信息,最好在一次邮件中把相关信息全部说清楚,说准确。不要过两分钟之后再发一封"补充"或者"更正"之类的邮件,这会让人很反感。

(6) 合理提示重要信息　不要动不动就用大写字母、粗体斜体、颜色字体、加大字号等对一些信息进行提示。合理的提示是必要的,但过多的提示则会让人抓不住重点,影响阅读。

(7) 合理利用图片,表格等形式来辅助阐述　很多带有技术介绍或讨论性质的邮件,单纯以文字形式很难描述清楚。如果配合图表加以阐述,收件人一定会感激和赞赏你的体贴。

(8) 在商务信函里面不要用笑脸等表情字符　笑脸之类的表情慎用,否则会显得比较轻佻。表情字符一般只用在某些确实需要强调一定轻松气氛的场合。

(9) 附件　如果邮件带有附件,应在正文里面提示收件人查看附件。附件文件应按有意义的名字命名,不用别人看不懂的字符。正文中应对附件内容做简要说明,特别是带有多个附件时应分别说明。附件数目一般不宜超过四个,数目较多时应考虑打包压缩成一个文件。如果附件是特殊格式文件,要在正文中说明打开方式,以免影响使用。

(10) **语言的选择和汉字编码**　只在必要的时候才使用英文邮件。英文邮件只是交流的工具,而不是用来炫耀和锻炼英文水平的。如果收件人中有外籍人士,应该使用英文邮件交流;如果收件人是其他国家和地区的华人,也应采用英文交流。由于存在中文编码的问题,中文邮件在其他地区可能显示成乱码。

选择便于阅读的字号和字体。中文一般使用宋体或新宋体,英文用 Verdana 或 Arial 字型,字号用 5 号字或 10 号字即可。这是最适合在线阅读的字号和字体。不要使用稀奇古怪的字体或斜体,最好不用背景信纸,特别是公务邮件。

(11) **结尾签名**　每封邮件在结尾都应签名,对方可以清楚地知道发件人信息。签名信息不宜过多。签名档可包括姓名、职务、公司、电话、传真、地址等信息。不宜行数过多,一般不超过四行。将一些必要信息放在上面,对方如果需要更详细的信息,自然会联系。可引用短语作为签名的一部分,比如座右铭,或公司的宣传口号。要分清收件人对象与场合,切记一定要得体。

不要只用一个签名档。对内、对私、对熟悉的客户等群体的邮件往来,签名档应该简化。过于正式的签名档会显得与对方疏远。可以设置多个签名档,灵活调用。

签名档文字应选择与正文文字匹配的简体、繁体或英文,以免出现乱码。字号一般比正文字体稍小一些。

2. 回复邮件

如何有效回复邮件,对于沟通交流也至关重要,下面是大家需要注意的一些事项,提高交流质量。

(1) **及时回复邮件**　收到他人的重要电子邮件后,应即刻回复对方,这是对他人的尊重。理想的回复时间是 2 小时内,特别是对一些紧急、重要的邮件。对每一份邮件都立即处理是很占用时间的，对于一些优先级低的邮件可集中在一个特定时间处理，但一般不要超过 24 小时。如果事情复杂，无法及时确切回复，至少应该及时回复"收到了，我们正在处理，一旦有结果就会及时回复"云云。不要让对方苦苦等待，记住及时作出响应，哪怕只是确认一下收到了。

如果正在出差或休假，应该设定自动回复功能，提示发件人，以免影响工作。

(2) 进行针对性回复　　答复问题的时候，最好把相关的问题抄到回件中，然后附上答案。不要只用简单的答案，那样太生硬。应该有必要的阐述，保证对方能一次性理解，避免反复交流，浪费时间和资源。

(3) 回复不要少于 10 个字　　对方发来一大段邮件，却只回复"是的""对""谢谢""已知道"等字眼，这是非常不礼貌的。一般来说 10 个字以上比较合适，显示出你的尊重。

(4) 不要就同一问题多次回复讨论　　如果收发双方就同一问题的交流回复超过三次，这只能说明交流不畅，说不清楚。此时应采用电话沟通等其他方式交流后再作判断。电子邮件有时并不是最好的交流方式。对于较为复杂的问题，多个收件人频繁回复，发表看法，邮件"RE"越来越多，这将导致邮件过于冗长而难以阅读。此时应及时对之前讨论的结果进行小结，删减瘦身，突出有用信息。

(5) 区分单独回复和回复全体

如果只需要某一个人知道，单独回复给一个人就行了。如果对发件人提出的要求作出结论响应，应该"Reply all"。如果对发件人提出的问题不清楚，或有不同的意见，应该与发件人单独沟通，而不宜抄送所有人、不停地"RE"与发件人讨论。应该讨论好了得出确定结论再告诉大家。点击"回复全部"前，要三思而行！

(6) 主动控制邮件的来往　　为避免无谓的回复，浪费资源，可在文中指定部分收件人给出回复,或在文末添上:"全部办妥""无需行动""仅供参考,无需回复"等。

(7) 正确使用发送、抄送、密送　要区分"To"和"CC"还有"BCC"(区分收件人、抄送人、秘送人)。"To"的人是要受理这封邮件所涉及的主要问题的,理应对邮件予以回复响应。而"CC"的人则只是需要知道这回事,没有义务对邮件予以响应。如果"CC"的人有建议,当然也可以回邮件。"BCC"是秘送,即收信人并不知道你发给了"BCC"的人,这一功能可能用在非常规场合。"TO""CC"中各收件人的排列应遵循一定的规则。比如按部门排列,按职位等级从高到低或从低到高都可以。适当的规则有助于提升你的形象。只给需要信息的人发送邮件,不要占用他人的资源。

(8) 转发邮件要突出信息　在转发消息之前,首先确保所有收件人都需要此消息。除此之外,转发敏感或者机密信息要小心谨慎,不要把内部消息转发给外部人员或者未经授权的接收人。如果有需要,还应对转发邮件的内容修改和整理,以突出信息。不要将"RE"了几十层的邮件发给他人,让人摸不着头脑。

科研工作以及其他工作中的交流合作方式都很多,不胜枚举,但都有基本相通的规律和宗旨。加强交流与合作,从小事做起,从细节做起,才能通过有效地沟通和协调,推动科学工作以及其他事务的顺利开展。

第七章 失败与调整

> Science has promised us truth.
> It has never promised us either peace or happiness.
> ——Gustave Le Bon

一、失败是难免的

当你安于实验室日常工作：研究项目进展顺利,目标计划已明确树立,实验已顺利开展几个月;你感觉良好,相信已步入正轨;通过解决"假设、实验和结果"的经典发展程序,已掌握科学思想的精髓,作为一个研究生,你自信已能很好地处理研究工作和生活。所有的事情看似美妙无比,然后有一天却发现一切都失灵了。生活是艰辛的：认真地设计实验方案,却得不到期望或需要的结果;细胞培养无数次被污染;设计的化合物无法合成出来;几星期或几个月的数据丢失;更有甚者,由于统计计算错误导致半年的实验一文不值。

众多经验丰富的科学家能讲述无数这样的"恐怖故事"。刚开始实验进展很顺利,但现在无论如何也无法重复:实验设计看似完美无瑕,结构合理,结果与假设完美结合,但却无法重复。你变得心急如焚,开始感悟到科学中实验和错误的残酷现实。无可避免的事实是,发现点滴真理之前一定会犯大量错误。科学是断断续续发展的,没有捷径可走,不可能一夜成功。法国一个心理社会学家曾说过:科学能告诉我们真实的东西,但它一定不会给大家带来很多快乐。因为科学总是一个避免错误、寻找真理的过程。实验成功的时候会很高兴,但更多的是经历失败。

在古希腊神话中,西西弗斯触怒了诸神,诸神将他降到人世间承受苦役。对他的惩罚是:将一块石头推至山顶。然而,每当他用尽全力,将巨石推近山顶时,巨石就会从他的手中滑落,滚到山底,前功尽弃。西西弗斯只好回到山下,重新将巨石向山顶奋力推去,日复一日,陷入了永无止息的苦役之中。西西弗斯所面临的是永无止境的失败。诸神要惩罚西西弗斯,也就是要折磨他的心灵,使他在"永无止境的失败"命运中受苦受难。可是,西西弗斯并不气馁,每次在他推石头上山时,诸神都打击他,告诉他不可能成功。西西弗斯不肯在成功和失败的圈套中被困住,一心想着:推石头上山是我的责任,只要我把石头推上山顶,我的责任就尽到了,至于石头是否会滚下来,已无关紧要。此后,当西西弗斯努力地推石头上山时,他心中显得非常平静,因为他安慰着自己:明天还有石头可推,明天还不会失业,明天还有希望。西西弗斯的命运可以解释我们一生中所遭遇的许多事情,也是人类艰辛生活与工作的真实写照。

二、把失败作为开始

实验和生活中的挫折正如西西弗斯手中的巨石,在所难免,永无止境。重要的是如何将挫折转变为成长的机会,进而取得阶段

西西弗斯的石头

性胜利。调整好情绪,不将挫折当作失败和错误,而是看作学习和成长的机会,这样才能更好地重新步入正轨,克服困难。失败并不意味着结束,而是意味着开始,失败从来都是人生必不可少的组成部分。

科学发现的规律要求循序渐进。实验应该遵从自然规律,即使限期临近,也不可急功近利。还要记住,实验中意料之外的结果是不可避免的。如果研究工作毫无阻滞,那么全世界的科学家都能跳过无休止的弯路,不费吹灰之力地直接从假设得到论文,然而事实远非如此。

切忌认为所有事情都会进展顺利,而试图忽略那些不顺利的问题。反省实验中错误的结果是有益的,可能成为积极正面的信息。要训练自己处理不可避免的挫折的能力,学习培养耐心的性格。必须掌握纵观全局和关注细节间的平衡。很多科学家都是在经历了几十年努力艰辛的工作后才有进展,获得突破。如《双螺旋》一书中,前面80%的篇幅都是讲述失败的经历,最后才得到好的研究结果。过程很艰难,书中阐述了如何渡过难关,了解一些具体的案例很有帮助。先要有心理准备,用乐观的态度去看待问题,不宜从负面的角度看待问题。其实乐观地来看,任何不好的结果也有可能是意外的收获。如果感觉到挫折破坏了自信,对问题进行逻辑的分析将有助于战胜困难,将其转化为经验,从而提高自信心。

挫折可以定义为阻碍实现目标的事件(失败的实验、被污染的细胞培养或动物模型、数据丢失等)。要了解遭遇的是哪一类挫折以及如何克服,首先要辨别所遇到的挫折。以下是用以辨别的一些问题(最好写下来):

> 你的挫折是什么?你失去的是什么?你犯的是哪种错误?是谁让你很失望(同学还是导师)?关于挫折,你最感到遗憾的是做了什么或是没做什么?然后回顾你的回答,揭示你的负面情绪或思想是不知所措、焦头烂额、悲伤、沮丧还是愤怒。

三、积极面对

千万不要迁怒于自己,换言之,不要因为遭遇挫折的事实就认为自己是一个失败者。接下来需要采取积极有效的有针对性的行动来克服挫折。当对环境感到失望和沮丧的时候,很容易产生一些自我伤害的行为,比如酗酒、暴饮暴食或沉溺于网络,这些都无济于事甚至会恶化事态。向身边的人寻求支持,和同事、朋友、家人聊聊你的顾虑,释放压力,然后寻找实际的办法恢复状态。与年长的人和导师一起讨论,他们通常遇到过类似的失败或挫折。很有可能所遇到的挫折只是一个小小的拦路石,而不是阻碍你实现目标的绊脚石。

失败与挫折是生活的一部分,关键是如何应对。当状态变好了,所有的事情将充满希望。

克服挫折的窍门有很多,也因人而异。以下是比较普遍有效的一些方法。

1. 克服挫折

(1) 照顾好自己　在大多数情况下,为了克服挫折工作了太长时间,身体和精神都已筋疲力尽,再这样下去只会令你更加无助和无望。正常的饮食、充足的睡眠,通过锻炼释放压力才能帮助你尽快恢复状态。

(2) 跳出思想框架　创造性的解决方法需要跳跃性思维。既然目前的方法不管用,就说明需要采取其他方法。比如,改变实验计划,做一些不同的工作,甚至可能需要延期毕业。也许需要博士后或其他更多高年级的人帮助重复实验步骤。

(3) 向别人倾诉　承认遭遇了严重失败需要一些勇气,但这时候更需要别人的帮助和支持。朋友和同事能提供你急需的精神资助,有人倾听你的困难(能提供有用的建议更好)对恢复状态是大有裨益的。

(4) 培养耐心的品格　克服困难需要时间,问题不会一夜消失,所以培养耐心很重要。善待自己,相信一段时间后一定会步入正轨。把注意力放在已经在变好的事情上,而不是只关注那些仍需改善的事情。告诫自己:罗马不是一天建成的,所以要一步一步地解决问题。

你可能会陷入是否应该停止所有工作的困境。一次一次半夜醒来，一个想法在你脑海里萦绕不去："事情糟透了，读研究生不是我想像中的样子，我根本不想成为一个科学工作者。也许我应该提前退学。"生活不是静止不动的，人们对自己以及自己状况的想法会不断改变。一开始研究生生涯很顺利，热情高涨地投入研究和工作，但现在不再自信。并不是只有你在经历了糟糕的一天后会心里充满疑虑，这也是人之常情。如果这种想法持续很久，可能要考虑读研究生是否适合。是否应该退学这个问题对于每个人来说都是难以回答的，答案取决于性格，人生目标以及已经付出多少。如果你还是一年级就开始严重怀疑自己选择的正确性，那就很有必要坐下来跟信任的人（往往不是导师，这时候还没有必要敲响警钟，昭告天下）好好讨论商量，也许此时改行还为时不晚。如果博士已经读了一半，将更难以决定，必须权衡已经损失的时间与转行之间的利害。

要知道拿到博士学位也并不意味着毕生一定要投身科研钻研学术。仍然有很多其他可选的职业道路，如从政、新闻、传播、教育或是咨询。因此，即使你确实不愿意做科研，拿到博士学位对做其他工作仍是有用的（博士的头衔毕竟有其好处）。你会意外地发现，博士学位即使在科学界以外也是很有价值的。

2. 庆祝胜利

当获得一些阶段性的胜利或是成功时，庆祝胜利是很有必要的。非洲圣人阿尔贝特·施韦泽（Albert Schweitzer）曾说过：成功不是快乐的关键，但快乐是成功的关键。只有热爱你的工作，你才会成功。

在经过一段辛苦努力的工作后，得到了梦寐以求的结果。将工作提交至大会或期刊前需要几个月的努力，可能又忙又累以至于没有意识到已经取得一定程度的成功。已到达新的里程碑，是时候庆祝一下了！

为什么要庆祝？科学研究是一个漫长而枯燥乏味的过程。它始于创意和头脑风暴，接着是研究计划和实验，结束于科学报告，但并不就此终止。以下是为什么说适当的庆祝是科研生活的组成部分的三个原因。

第一个原因是为了感谢为你的成功做出贡献的合作者。我们总是倾向于低估他人的贡献，应该通过与大家一起庆祝胜利来感谢他们的帮助。毕竟，是他们助你成功，他们值得感谢。如果适当地采用一种明显的方式表达感谢，在你奔向另一个里程碑时，他们将更加愿意帮助你。

第二个原因是反省在学习过程中处于重要地位，也是庆祝过程中的一部分。通过学习失败和错误，能学到很多有价值的东西，而从成功中反省学习同样重要。为什么它能从众多可能性中脱颖而出？为什么别人不做这些实验和研究？是什么使你比别人先得到数据？谁的帮助是最关键的？分析这些成功的原因可能有助于你下一阶段的研究。通过庆祝来反省之前的成功可为下一步的工作奠定基础。

第三个原因是制造正面积极的氛围。如果与合作者定期举行庆祝仪式，就能在团队里创造一种成功者的气氛。在这种愉快和谐的氛围中，团队能更有信心和灵感解决下一个问题，有助于为下一个里程碑铺平道路。

什么是成功？当论文被期刊接收时自然会庆祝胜利，这时候通常第一作者与团队成员一起享用蛋糕来庆祝。拿到学位或奖学金，获得奖励或是取得其他成功同样值得庆祝。

如何庆祝胜利？庆祝胜利同样是感谢他人帮助的方式，关键是要马上行动并很有诚意。庆祝的方式有很多种，例如，给通过考试的人一份包装精美的礼物，分享蛋糕，或是一起进餐等。

在科研工作中，做实验成功的时候会很快乐，但更多的经历是失败，科学史上所有较大的发现都有一个长期的困难的过程。每一位科研工作者都要学会不断地激励自己，要抱着希望去做事情，才有可能获得成功。失败时要懂得调整状态，尽快从失败和挫折的负面情绪中解脱出来，积极投入到下一步的实验工作之中，争取成功。获得成功之时则应该适当地进行庆祝，为下一次可能的失败或胜利打气加油，积蓄正能量。

第八章 如何撰写学术论文

> A Naturalist's life would be happy one if he had only to observe and never to write.
>
> ——Charles Darwin

曾有人说过：做研究是有趣的，写作却不是（Doing research is fun; writing about the research is not）。撰写研究论文是科研工作中不可或缺且至关重要的组成部分。本章将从如何撰写研究型论文、如何撰写综述型论文、英文写作常见错误三部分展开讨论。

一、撰写研究型论文

研究型论文是对实验室工作或某个领域内工作的文字总结。有一点通用的认识在写作之前应该牢记：经常为读者着想。必须充分认识并且始终提醒自己，科研工作者都十分珍惜宝贵的时间，除极少数与自己工作关系十分密切的论文以外，绝大多数读者都不会阅读全文，不同背景的人也会对你的研究感兴趣，所以要始终关注如何才能让读者很快地理解。如果只是一味地认为把自己的研究讲清楚了就足够了,那文章极有可能会令读者费解,投稿也很可能被驳回。切记科研论文写作的目的是向科学界传播你的研究工作,并向你所在领域的研究者们提供如下四个方面的具体信息(即你在写作过程中应该解决的问题):

> 你提出了什么问题?最好是一个而不是多个问题。
> 你做了哪些实验来回答这个问题?
> 你收集了哪些数据,如何收集的?
> 从数据中你得出了什么结论,对进一步的研究有什么建议?

科研要求准确和精密,科研论文写作应该以清晰和简洁的形式来反映这一要求,并且逻辑要非常清晰,结论与数据要一致。模糊的语言并不会使你看起来更睿智,它只会给别人造成困惑,导致你的目标受众产生更小的影响。一篇好的科研论文应该要能回答上述问题。

浏览任何科学杂志,都会发现清晰而简洁的写作通常是十分简短的。许多非科学家对于科学界的晦涩难懂及精英主义的抱怨,在一定程度上源于许多科学家无法清晰而简洁地表达他们的假设和结论。学位论文的写作尤其会出现堆砌数据以充实文章的现象。硬塞一些不必要的数据,往往会使整个文章显得臃肿、逻辑混乱,这是一种自掘坟墓的做法。一个好的科学家不仅要能设计好的实验,还要能够展示自己的工作并把它用清晰而简洁的语言写出来。

研究型论文一般分为以下部分:标题、摘要、引言、材料与方法、结果与讨论、结论,当然还有参考文献和致谢等。

1. 写作流程

写作流程有如下九个步骤。

① 论文提纲非常重要,不仅可以大大节省时间,更能提高论文的质量,特别是行文的逻辑性。

② 按照提纲总结组织好所有的图、表、示意图等,这样基本上就能知道论文的重点和核心思想。

③ 写绪论。这是论文的关键部分,可能需要论文全部完成后,再来反复修改这一部分。

④ 实验部分,比较容易,相对来说不用花很多时间,第一次写论文时可以最先从这部分开始写。

⑤ 实验结果与讨论,论文的主体部分,实际上就是按图说话。

⑥ 总结概括全文主要结论。

⑦ 对步骤②~⑥反复修改提炼,完全满意后撰写论文摘要。

⑧ 致谢与参考文献。

⑨ 最后确定论文的标题,这是画龙点睛的部分,要仔细斟酌。

2. 论文提纲

写提纲前必须对本工作相关的研究现状、参考文献以及本工作的创新之处非常了解,然后根据已有的实验数据撰写提纲。提纲涉及内容主要包括绪论、实验部分、结果与讨论、总结、致谢、参考文献等。针对每个部分再详细展开,比如几个段落,每个段落如何写,可以用中文,也可以用英文;可以是完整的句子,也可以只是几个关键词。提纲的主要目的一是把逻辑整理清楚,二是保证论文不会漏掉重要部分。

3. 总结图表

图表之间要遵循一定的逻辑顺序,例如,先是材料合成部分,然后是材料结构表征,最后是材料的功能与应用。内容相似的数据放在一起,比如,具有规则结构的复合材料,可以把SEM(扫描电镜)、TEM(透射电镜)、AFM(原子力显微镜)、XRD(X射线衍射)等表征结果合成一张图,把其光学性能、电学性能等合成另一张图。图表中的文字、照片标尺和箭头等要标注明显,一目了然,尽量少用文字。对图的文字解释部分,基本采用的格式是第一句话总结图的内容,后面再分别介绍每张子图的信息。介绍尽量具体,希望达到的效果是即使读者不看论文讨论部分,只看图表及其说明就大概知道本论文的主要内容。能充分展示文章关键结果的好的文字解释是很有价值的。图表要求简洁明了和美观大方,但前者更重要。此外,图与表的内容不能重复,图表的文字解释部分也不要与正文重复。

(1)示意图 一般放在最前面向读者简要说明本方法、本研究的基本思想,或者放在最后面起到总结概括作用。示意图要尽量画得简单、清楚,但要美观舒适。当示意图可有可无时,建议放上,方便读者快速理解。

不同期刊对图的编号有不同要求,一般是Fig.1或Figure 1,第一个字母大写。

图题(caption)对图的内容加以简要说明。图例(legend)表明图中符号/线型等的意义。

若图是引用自其他人文献,还须说明图的来源,注明经某机构许可重印。这一点主要是在写综述时必须注意。

(2)线型图 要格外谨慎,外推直线或曲线超过了数据的限制会误导读者,将离散的数据点用线连接起来会传达错误的信息。

表的编号为Table 1.或Table 1.1。标题写在表编号后,位于表上方。表中栏目称为column,每一项具体内容称为entry,一般竖直往下安排。表的来源在表下方说明,与图相似。表下方为表中注释符的意义,对表的内容作简单说明(如反应条件等)。

① 以……对……作图(be graphed as)：以 Y 对 X 作图(Y (be) graphed as X)时，一般以纵坐标对横坐标作图。一般图形的坐标表示，都是先纵坐标，后横坐标，两者可用 versus(简写为 vs.)或 against 连在一起，即，y versus x，或 y plotted against x。

例如：A) A plot of dc voltage versus time normally produces a straight line.

B) In Fig. 1, lgI is plotted against v.

其他还有 If a pressure-volume diagram is made，…(压力-体积图)。

也有例外，如伏-安特性，伏特为横坐标，安培为纵坐标，但文字表达为 Volt-Ampere characteristics。

② 线型：线型主要有实线(solid line)、虚线(dashed line)、点线(dotted line)、粗线(heavy line)、细线(light line)、点划线(dot-dash line)。

很多研究生对论文中图注和表注的重视不够。要牢记，不少读者首先浏览一篇论文的图表以了解这篇论文的主要内容，因此图注和表注要详细到足以说明问题，使读者看了图表及图注和表注就能够了解全文的主要结果，这也是一些国际重要刊物的要求。因此，国外有些人花钱作图。现在有很多审稿人论文拿到手时，先看图，如果看一眼就觉得图很难看，也不容易理解，留下的印象会非常不好。所以，论文要在细节上尤其是图表上多下功夫。

4. 绪论部分

绪论是全文的核心，最重要也最难写，是告诉别人你的工作为什么重要，而后面的部分只是告诉别人你怎样做到的。一定要写明假设和目标。可以读一些写得好的论文的绪论来学习它们的内容和风格。

写绪论也是有一定套路的。通讯类论文(communication 或

letter),绪论不要太长,基本上两段。第一段阐述该领域研究的重要性和目前存在的主要问题,这个问题不解决会有什么后果以及解决问题的迫切性;第二段阐述为了解决这个问题,别的研究组做了哪些探讨,为什么没有成功,然后引出自己的工作,同时概括说明这个工作如何解决提到的问题。较长的研究论文,套路没有那么明显,绪论要写得更长更具体,最少两段,要对上面的信息展开讨论。绪论写清楚了,一方面自己能进一步确定后面的结果与讨论部分哪些必须重点阐述,哪些只需简单带过;另一方面读者马上抓住了这个工作的重要性,便于后面的理解,从而留下更深的印象。

不管绪论还是其他部分,严禁直接复制参考文献,决不允许整句甚至整段抄写其他论文。如果想表达跟某论文某句话相同的意思,必须用自己的语言写出来。在科学研究上的大胆创新和充分尊重前人的成果,是一个辩证的统一。不要抱着侥幸的心理,故意不引用前人的工作,担心降低自己工作的影响力,这样只会适得其反。科学研究贵在创新,没有创新科学就不能前进与发展。但是,科学又是连续的,所有的创新又必然建立在前人成果的基础之上。尊重前人已取得的成果,首先要在研究论文中充分引用前人已经发表的有关论文。这样做的目的首先是充分尊重前人的成果,同时也让读者全面了解有关问题的历史和发展现状,得以对论文中的创新之处做出适当的评价。

在使用"领先""首次"等词时,务必十分慎重。要知道,科学研究贵在创新,在国际一流刊物上发表的研究成果,在一定范围内和一定程度上都应该是首次。如果结果并非首次,对前人成果视而不见,不予引用,而片面自我吹嘘"领先""首次",轻则是无知,是作者未能全面掌握文献,遗漏重要文献,至少是很不应该的。任何发表出来的文章都有其优点,如果是有意不提或虽然提及,在贬低前人工作的同时故意抬高自己,则是严重违反科学道德的行为,重则难免有剽窃之嫌，只会引起国际同行的耻笑与唾弃。

5. 实验部分

实验部分可以随时写，甚至做完实验时就可以写。实验部分基本包括以下信息：

① 化学试剂和原料，即从哪里购买，纯度如何，使用前是否经过纯化或别的处理，如何处理，可以套用一些句式来写。

② 实验步骤，按照先后顺序阐述，实验条件等要清楚明了。

③ 仪器与设备，说明所使用的表征工具的生产公司、型号等，对于不常用或者大多数读者不熟悉的仪器，要简单阐述其基本原理并给出参考文献。

英文写时尽量采用被动句式，可以学习一些高质量论文实验部分的撰写方法和风格。总地来说，实验部分越具体越好，不要含糊其辞，尽量给出更多细节，方便同行重复，这也是负责任的做法。

6. 结果与讨论

结果与讨论部分是分析数据，告诉别人达到了目标。写这部分思路一定要清晰，重点要突出。一般每个段落的第一句要总结概括本段主要内容，后面再根据相关图表陈述。每个段落不要太长，中国研究者写英文论文，应避免使用太长的句式，也不要带过多的感情色彩。注意主动句和被动句搭配使用，多使用被动句，因为主动句式通常用来强调，而被动句式是陈述事实。此外，不要混淆结果部分与讨论部分，结果部分只是呈现实验得到的结果，讨论部分要解释数据之间的关系。讨论部分更能体现作者的科学素养，它回答了引言部分提出的问题，作者也可以根据新发现或者新问题对以后的研究提出建议。

7. 总结部分

总结部分应重点概括论文核心思想,但与摘要不同的是,要进行必要的升华。比如,论文讨论某个合成聚合物纳米颗粒的新途径,在总结部分可以深入讨论这个新途径对于该领域科学研究,或此类材料对实际应用等的影响。摘要也可以提这个信息,但一般不会很具体。另外,总结部分也可以讨论这个解决方法还有哪些地方值得改进,如何改进,以及接下来的研究方向,或者在解决的过程中又发现了哪些更重要的问题,所以总结部分更多地是告诉读者一些暂时还没有数据支持的信息。

8. 致谢与参考文献

一般致谢部分首先是感谢相关基金对本项目的支持,然后是合作者或同事在某个细节方面的帮助,因为这些帮助不足以使他们成为论文的作者,所以放在致谢部分。因此,应分清楚哪些人可以列为作者,哪些人只需致谢,因为作者的基本定义是对论文有实质性贡献的人,或者说没有他们,论文工作就无法完成。

参考文献需要注意以下三个方面:

① 每个杂志都有自己的格式,所以必须按要求的格式组织。

② 文献的作者、期刊缩写、年代、卷数以及页码等信息必须仔细核对正确。

③ 所有列出的参考文献必须阅读过,不能简单地把某篇文献的相关参考文献引入到论文。

引用文献的小诀窍:

① 尽量引用最新的文献。

② 投哪个期刊就要引用哪个期刊或者与其具有同等及以上影响力的期刊上的文献。

③ 所在领域做得好的课题组的文献也都尽量引用到,尤其要

引用他们发表在所投期刊上的文献,因为论文很有可能送到这些课题组去评审。

9. 摘要

摘要的重要性仅次于标题。由于现在网上可以看到不少刊物所刊登论文的摘要,写好论文摘要就更加重要,只有摘要能引起读者的兴趣,读者才会去查找全文。摘要一般是 200 个汉字左右,要求是别人看了摘要之后就能大概知道做了什么工作。所以,摘要应该包括研究的目的或要解决的问题、研究方法或手段、实验结果和结论。关键词是摘要中很重要的一部分,有助于文章被检索到。如果摘要写得好,关键词含义比较贴切,读者更容易获得有用的信息。

10. 标题

标题对文章的重要性就如同名字对人的重要性,一个好标题本身就是一件艺术品。标题不能太大也不能太小,要重点突出特色,要有关键词。标题长度一般不超过 20 个汉字,要让读者一口气能读完。正和我们查找和阅读文献一样,无论是从刊物的目录或是从网上,首先看到的是标题,因此一定要选择一个能引人注意的醒目的标题。早年经常使用的如"某某问题的研究"一类的标题,现已很少有人使用,更为常见的是用论文中的主要结论作为标题,以期引起读者注意。

11. 语言

我们的母语不是英语,别人对我们的英语没有很高的期望。有时候也许会以语言问题进行攻击,但这往往是因为文章过于琐碎和凌乱,所以我们强调用逻辑和严谨去征服编辑和审稿人,做到简洁明了、逻辑清晰、没有语法错误即可。当然,如果能做到语言优美更好。关于语言的训练,这里推荐一个方法,每天至少看半小时英文的新闻报道或者文章。很多国内的一流科学家都是通过这个过程训练英语且效果显著。

刚开始写论文的时候,可以去模仿,但不要抄袭。按照英文的定义,连续 6 个词相同就视为抄袭,所以大家一定要特别注意。

科技英语与普通英语不同,很少需要用到表达感情的词语,原则是"objective"代替"subjective",为此,可采用一些典型的句型来表达意思。其中,使用最多的是以"it"为形式主语的句型,以减少有人称的句型,或者用被动语态,使多种句型交替使用,克服文章中句型单一的弊端:

It + be + adj. + to...

例如,It is advantageous to work at lower temperature.

12. 如何修改论文

初稿完成后,先放一段时间,跳出原来的思考框架,等自己对这个工作有点陌生后再开始修改。修改时努力从一个挑剔的审稿人的角度来审视论文。首先看逻辑是否清晰;其次看行文结构上是否连贯,承接起应是否自然;最后检查各个细节,图表是否有计算错误,参考文献是否全面准确等。论文尽量多修改,不要害怕因此而耽搁,从最后发表的角度看,你准备得越充分,实际花费的时间越少。也要请合作者和导师作进一步修改,至于是否需要专业的编辑修改,则要根据自身的需要,但是前面也提到过,不必太担心语言的问题。

13. 辅助材料

如果有辅助材料应尽量提供,特别是 communication 或者 letter,因为篇幅限制,有些补充说明的图表或者详细的实验方法可以挪到辅助材料部分。辅助材料的组织顺序也尽量与主体论文保持一致。

二、撰写综述型论文

综述型论文是文献综合评述的简称,指在全面搜集、阅读大量的有关研究文献的基础上,经过归纳整理、分析鉴别,对所研究的问题(学科、专题)在一定时期内已经取得的研究成果、存在问题以及新的发展趋势等,系统、全面的叙述和评论。"综"即收集"百家"之言,综合分析整理;"述"即结合作者的观点和实践经验对文献的观点、结论进行叙述和评论。文献综述是对某一方面的专题搜集大量情报资料后经综合分析而写成的一种学术论文,它是科学文献的一种。它反映当前某一领域中某分支学科或重要专题的最新进展、学术见解和建议,且往往能反映出有关问题的新动态、新趋势、新水平、新原理和新技术等。

文献综述目的并不是将可能找到的文章全部列出,而是要在辨别相关资料的基础上,根据自己的论文来综合与评估这些资料。通过深入分析过去和现在的研究成果,指出目前的研究状态、应该进一步解决的问题和未来的发展方向,并依据有关科学理论,结合具体的研究条件和实际需要,评论各种研究成果,提出自己的观点、意见和建议。其基本目的包括:

① 让读者熟悉现有研究主题领域中有关研究的进展与困境。

② 提供后续研究者的思考:未来研究是否可以找出更有意义与更显著的结果。

③ 对各种理论的立场说明,可以提出不同的概念架构。

④ 作为新假设与研究理念的基础,对某现象和行为进行可能的解释。

⑤ 改进与批判现有研究的不足,发掘新的研究方法与途径,验证其他相关研究。

文献综述不是对以往研究成果的简单介绍与罗列,而是经过作者精心阅读后,系统总结某一研究领域在某一阶段的进展情况,并结合本国本地区的具体情况和实际需要,提出自己见解的一种科研工作。

写综述有以下好处:

① 通过搜集文献资料的过程,可进一步熟悉文献的查找方法和资料的积累方法,同时在查找的过程中也扩大了知识面。

② 查找文献资料、写文献综述是临床科研选题及临床科研的第一步,因此学习文献综述的撰写也是为今后科研活动打基础的过程。

③ 通过综述的写作过程,能提高归纳、分析、综合能力,有利于独立工作能力和科研能力的提高。

④ 文献综述选题范围广,题目可大可小,可难可易,可根据自己的能力和兴趣自由选题。

写文献综述一般经过以下几个阶段,即选题、搜集阅读文献资料、拟定提纲(包括归纳、整理、分析)和成文。

文献综述通常出于某种需要,如为某学术会议的专题、从事某项科研、为某方面积累文献资料,所以文献综述的选题一般是明确的,不像科研课题选题那么困难。文献综述选题范围广,题目可大可小,大到一个领域、一个学科,小到一种疾病、一个方法、一个理论,可根据自己的需要而定。初次撰写文献综述,特别是实习同学,所选题目宜小些,这样查阅文献的数量相对较小,撰写时易于归纳整理。否则,题目选得过大,查阅文献花费的时间太多,影响实习,而且归纳整理困难,导致最后写出的综述大题小作或是文不对题。

选定题目后,则要围绕题目搜集与文题有关的文献。搜集文献要求越全越好,最常用的是检索法。搜集好与文题有关的参考文献后,阅读、归纳、整理,从这些文献中选出具有代表性、科学性和可靠性大的单篇研究文献。从某种意义上讲,所阅读和选择的文献的质量直接影响文献综述的水平。因此,在阅读文献时要写好读书笔记、读书心得,做好文献摘录卡片。写下阅读时得到的启示、体会和想法,将文献的精髓摘录下来,不仅为撰写综述时提供有用的资料,而且对于训练表达能力、阅读水平都有好处。特别是将文献整理成文献摘录卡片,对撰写综述极为有利。

文献综述的格式与一般研究性论文的格式有所不同。这是因为研究性的论文注重研究的方法和结果,特别是阳性结果。文献综述要求向读者介绍与主题有关的详细资料、动态、进展、展望以及对以上方面的评述。因此,文献综述的格式相对多样,但总的来说,一般都包含四部分,即前言、正文、结论和参考文献。撰写文献综述时可按这四部分拟写提纲,再根据提纲进行撰写工作。

1. 前言

前言包括撰写文献综述的原因、意义、有关的概念及定义、文献的范围、正文的标题及内容提要。主要内容是说明写作的目的,介绍有关的概念及定义以及综述的范围,扼要说明有关主题的现状或争论焦点,使读者对全文要叙述的问题有一个初步的轮廓。

2. 正文

正文是文献综述的主要内容,包括某一课题研究的历史(寻求研究问题的发展历程)、现状、基本内容(寻求认识的进步)、研究方法的分析(寻求研究方法的借鉴)、已解决的问题和尚存的问题,重点、详尽地阐述对当前的影响及发展趋势。这样,不但可以使研究者确定研究方向,也便于他人了解该课题研究的起点和切入点,是在他人研究的基础上有所创新。

正文写法多样,没有固定的格式。可按年代顺序综述,也可按不同的问题综述,还可按不同的观点比较综述,不管用哪一种格式综述,都要将所搜集到的文献资料归纳、整理及分析比较,阐明有关主题的历史背景、现状和发展方向,以及对这些问题的评述。主题部分应特别注意对代表性强、具有科学性和创造性的文献进行引用和评述。

3. 结论

与研究性论文的小结有些类似,结论部分是将全文扼要总结,概括指出自己对该课题的研究意见、存在的不同意见和有待解决的问题等。

4. 参考文献

参考文献虽然放在文末,但却是文献综述的重要组成部分。因为它不仅表示对被引用文献作者的尊重及引用文献的依据,而且为读者深入探讨有关问题提供了文献查找线索,增加综述的可信度,便于读者进一步检索,因此应认真对待。参考文献的编排应条目清楚,查找方便,内容准确无误。

文献综述不应是对已有文献的重复、罗列和一般性介绍,而应是对以往研究的优点、不足和贡献的批判性分析与评论。因此,文献综述应包括综合提炼和分析评论双重含义。文献综述要文字简洁,尽量避免大量引用原文,要用自己的语言把作者的观点说清楚,从原始文献中得出一般性结论。

文献综述不是资料库,要紧紧围绕课题研究的问题,确保所述的已有研究成果与本课题研究直接相关,其内容是围绕课题紧密组织在一起,既能系统全面地反映研究对象的历史、现状和趋势,又能反映研究内容的各个方面。文献综述要全面、准确、客观,用于评论的观点、论据最好来自一级文献,尽量避免使用别人对原始文献的解释或综述。

文献综述与读书报告、文献复习、研究进展等有相似的地方,它们都是从某一方面的专题研究论文或报告中归纳出来的。但是,文献综述既不像读书报告、文献复习那样,单纯把一级文献客观地归纳报告,也不像研究进展那样只讲科学进程。其特点是"综"和"述","综"是要求对文献资料进行综合分析、归纳整理,使材料更精练明确、更有逻辑层次;"述"就要求对综合整理后的文献进行比较专门的、全面的、深入的、系统的论述。总之,文献综述是作者对某一方面问题的历史背景、前人工作、争论焦点、研究现状和发展前景等内容进行评论的科学性论文。

以下是文献综述中的一些注意事项和常见问题。

5. 注意事项

(1) **搜集文献应尽量全**　掌握全面、大量的文献资料是写好综述的前提,否则,随便搜集一点资料就动手撰写是不可能写出多好的综述的,甚至写出的文章根本不能成为综述。

(2) **注意引用文献的代表性、可靠性和科学性**　在搜集到的文献中可能出现观点雷同的情况,不同的文献在可靠性及科学性方面存在着差异,因此在引用文献时应注意选用代表性、可靠性和科学性较好的文献。

(3) **引用文献要忠实文献内容**　由于文献综述有作者自己的评论分析,因此在撰写时应分清作者的观点和文献的内容,不能篡改文献的内容。

(4) **参考文献不能省略**　有的科研论文可以将参考文献省略,但文献综述绝对不能省略,其参考文献必须是文中引用过,能反映主题全貌并且是作者直接阅读过的文献资料。

6. 常见问题

(1) **大量罗列堆砌文章**　误认为文献综述的目的是显示对其他相关研究的了解程度,结果导致很多文献综述不是以所研究的问题为中心来展开,而变成了读书心得清单。

(2) **轻易放弃研究批判的权利**　遇到名校名师,学生更易放弃自己批判的权利。由于大量引用他人的著作,每段话均以谁说起始,结果使自己的论文成为他人研究有效与否的验证报告,无法说服读者相信自己的论文有重要贡献。

(3) **选择性地探讨文献**　文献综述就变成了自己主观愿望的反映,成了一种机会性的回顾。一定要进行系统的、全面的文献综述,以严谨的科学设计来寻找、评估以及整合科学研究的证据,确保文献综述完整不偏。

三、Felicia Brittma 提出的中国科学家英文写作常见错误

(1) a、an、the 冠词错误　需要的时候忽略;不需要的时候又使用或者使用之后导致冗长复赘;使用错误的冠词。

(2) 句子太长　例如:

修改前:The gear transmission is grade seven, the gear gap is 0.000 12 radians, the gear gap has different output values corresponding to any given input value, non-linearity of the gear gap model can be described by using the phase function method, the existing backlash block in the non-linear library of the Matlab/zdimulink toolbox can be used, the initial value of gear gap in the backlash bloc is set to zero.

修改后:The gear transmission is grade seven. The gear gap, which is 0.000 12 radians, has different output values corresponding to any given input value. The non-linearity of the gear gap model can be described by using the phase function method. The existing backlash block in the nonlinear library of the Matlab/zdimulink toolbox can be used; the initial value of gear gap in the backlash block is set to zero.

(3) 先表达目的、地点或原因 例如：

修改前：In practice, we employed this approach to dispose of a wheel house subassembly of one kind of auto-body, and the results show that this method is feasible.

修改后：We employed this approach to dispose of a wheel house subassembly of one kind of auto-body, and the results show that this method is feasible.

修改前：To ensure sheet metal quality as well as assembly quality, CMMs are widely used in automotive industry production.

修改后：CMMs are widely used in automotive industry production to ensure sheet metal quality as well as assembly quality.

(4) 倾向于把时间短语放在句子开头 例如：

修改前：When U is taken as the control parameter, the BDs for $\Delta=0.0, 0.001, 0.005$ are shown in Fig. 8.

修改后：Figure 8 shows the BDs for $\Delta=0.0, 0.001$, and 0.005 when U is taken as the control parameter.

(5) **为了强调把最重要的部分放在句子开头** 例如：

修改前：Based on the *triangulation structure* built from unorganized points or a CAD model, the extended STL format is described in this section.

修改后：The extended STL format is described in this section based on the *triangulation structure* built from unorganized points or a CAD model.

修改前：The 3D dentition defect and restoration element models are designed precisely with complicated surfaces.

修改后：The 3D dentition defect and restoration element models with complicated surfaces are designed precisely.

(6) **"respectively"在句中位置错误** 例如，放在它提及的名词前：

修改前：Equations 2～6 can be respectively linearized as：...(equations given)...

修改后：Equations 2～6 can be linearized as：...(Equations given)..., repectively.

修改前：The weights of the two experts are respectively 0.600 and 0.400.

修改后：The weights of the two experts are 0.600 and 0.400, respectively.

(7) **"in this paper"和"in this study"** 使用这两个短语时经常会犯两个错误。首先是过度使用。相比之下，一些中国人写的论文中，这两个短语可能每页出现多一倍。以英语为母语的作者使用这两个短语主要有两个用途：

① 在引言和结论部分,强调论文的内容。

② 在论文的主体部分,指代不是由作者完成的工作,如提及其他期刊文章或标准时。

实际上,读者知道所说的工作就是指作者做的工作(除非作者说不是),所以没有必要重复这两个短语。

第二个错误是这两个短语经常混用,这个错误更隐蔽。study 是作者所做的工作。paper 是展示工作的方式,即目前读者正在阅读的论文。同样的表达还可以使用其他的短语,如 in this research 和 this paper present。下面是两个例子:

修改前:In this paper, IDEAS was used to....
修改后:In this study, IDEAS was used to....

修改前:In the paper, a SZG4031 towing tractor is used as the sample vehicle, it components equivalent physical parameters are obtained by UG design and testing.
修改后:In this study, a SZG4031 towing tractor is used as the sample vehicle, it components equivalent physical parameters are obtained by UG design and testing.

(8) **数字和方程式** 使用阿拉伯数字本身不是一个错误,但是不应该用在句子开头。而且,阿拉伯数字应该用来给出技术论文中的数据,而不应该用来给出一般性的信息。应该尽可能多地引用方程式,但不要插入方程式来取代单词。例如:

修改前:All 3 studies conclude that the mean temperature should be 30℃.
修改后:All three studies conclude that the mean temperature

should be 30℃。

(9) 格式、段落　一个段落是由表达同一个主题或思想的一组句子组成。结束一个或者开始另一个想法或思想时需要分段。中国学生常常对分段感到困惑,可能会犯两种错误。一个错误是作者不能区分两个段落,尽管他们在新的一行开始了新的段落,但是没有缩进,因此读者感觉不到段落或思想的变化。另一个错误就是段落里一行只有一句话。

(10) Figure 和 Table　用 fig、figure 也可以,但是整篇文章应该采用统一的用法,不能在 fig、figure、Fig、Figure 之间随意转换。

(11) such as 和 etc.　汉英作者通常误用 such as 和 etc.。such as 的意思是 for example,暗指接下来是一个不完整的列举;etc. 的意思是 and so on,放在列举的最后,表示以上列举是不完整的。因此,同时使用 such as 和 etc. 是累赘的。

(12) 其他　有些单词单复数同形,不需加 s 来表示复数,比如 *literature*(when referring to research)、*equipment*、*staff*(referring to a group of people)、*faculty*。

下表列出了汉英作者频繁使用应避免重复的词组。

Instead of	Say	Or say
research work	research	work
limit condition	limit	condition
knowledge memory	knowledge	memory
sketch map	sketch	map
layout scheme	layout	scheme
arrangement plan	arrangement	plan
output performance	output	performance

续 表

Instead of	Say	Or say
simulation results	results	simulation
knowledge information	knowledge	information
calculation results	results	calculation
application results	results	application

一些单词需要修饰复数名词，比如 different、various 和数字。

Don't write	Instead write
different node	different nodes
various method	various methods
two advantage	two advantages
fifteen thermocouple	fifteen thermocouples

不要在句子开头使用缩写或者阿拉伯数字，比如不能写 Fig. 和 8，而是写成 Figure 和 Eight。

不要用 by this way，而是用 by doing this 或者 using this method。

不要在句子开头直接用 How to（说话的时候也不能），例如：

修改前：How to find the optimal parameter is the main objective.

修改后：Determining how to find the optimal parameter is the main objective.

应该写成 the results are shown in Figure 2，不能写成 the results are showed as Figure 2。

在正文中用斜体表示变量以与单词区分开,当变量是英文字母时这一点尤其重要,比如,The graph shows t, a, and C as a function of time,不能写成 The graph shows t, a, and C as a function of time。

在技术论文中应避免用以下方式使用 obviously 这个单词。例如:

修改前:Obviously, detecting regimes by means of PMH map is a novel method.

修改后:Detecting regimes by means of PMH maps is a novel method.

国际性论文不应使用位置依赖性术语,比如 at home、abroad、here、our country 要写成 in China,因为读者很大可能不是中国人或者不在中国。

不要过度使用 that is to say 和 namely,应尽量用一个句子来表达意思。

不要在书写句子的末尾使用 too,尤其是在技术论文中。

最后,我们应当明白,实验结果只有在写成论文并发表后,才能成为人类认识自然宝库中的组成部分。对科研工作者自己而言,撰写论文是对一个阶段工作的全面总结,可以回顾以下方面:实验设计有无缺陷,实验方法是否完善,得出最后结论的论据是否充分,所取得的实验结果是否可以提出不同的解释等。多年来的经验让我深刻体会到,在撰写论文的过程中,最容易发现工作中的问题,特别是所获得的实验结果是否有必要的对照实验,以及实验结果的条理性和推论的逻辑性。在论文正式发表以前,这些问题仍然都是可以弥补或改正的。但是,论文发表后就成为世界科学文献的一部分,白纸黑字,留有永久记录。因此,在论文发表前务必十分谨慎,反复修改,尽可能避免发生任何错误。

第九章 如何发表学术论文

> Either write things worth reading, or do things worth writing.
> ——Benjamin Franklin

这部分讨论重点是学术期刊论文,其中很多原则也同样适用于会议发言稿或者其他类型准备发表的作品,比如书的章节。之所以选择学术期刊论文作为讨论对象,是因为一般期刊论文被视为研究成果具有较高的原创性和学术性的证明,或者说体现出在相关学科领域具有一定的学术造诣。人们普遍认为,除正规学术期刊以外的出版物,在论文录用和质量控制方面参差不齐,而学术期刊往往要通过严格的第三方评估来确保高质量。这种看法不完全,但可以作为一个有效而且有用的衡量标准。学术期刊本身的影响力越大,论文的学术价值一般被认为就更高。所以,如果有志于学术事业,希望未来的简历让人印象深刻,就必须在本专业学术期刊上发表一定数量的论文。本章将分别介绍选择合适的学术期刊、论文投稿与发表的流程、相关注意事项、回复审稿意见的策略。

1. 选择合适的学术期刊

发表学术论文要考虑的第一个问题可能就是在哪里发表。这就应该了解期刊的声誉、读者群、课题是否适合该期刊的重点、稿件接受率是多少等一系列问题。毫无疑问,如果能够在本学科领域最顶级的学术期刊上发表论文,将大大提高同行的评价。

考虑到上述因素后,要做一些基本的调查。不幸的是,即使是有志于未来从事学术研究的研究生们,很大一部分人会忽视它。第一项功课,阅读所选期刊的投稿指南,这个很容易从出版单位的主页中找到。投稿指南会说明创新性和研究方向有哪些要求,论文字数和图表质量又有哪些要求。这些规定在出版社和编辑部看来,都是很有意义和必要的。如果遵守这些规定,处理稿件的编辑对论文持正面看法的可能性就会更高些。无端地和编辑对着干是愚蠢的。

熟悉所选期刊的发展重点或者最感兴趣的研究方向非常重要。一般来说,大部分专业期刊都会有侧重点,因为投稿的论文数量实在太多了。即使是专业性很强的期刊,也会因为版面限制而不得不拒绝极大比例的优秀论文。所以,应该确保投稿内容符合所选期刊的侧重点。如果不确定,可以联系编辑咨询确认,但要注意礼貌措辞。学术期刊编辑与商业性刊物的编辑不同,各自研究领域扮演着举足轻重的角色,将最终决定是否接收投稿。如果很有技巧或者运气很好,编辑喜欢你的研究思路和想法,可能会提供非常好的建议作进一步修改。这些建议很重要,值得认真思考并采纳。但是,请记住,听从他们的建议并不是成功的保证,必须提前有这方面的心理准备,否则期望太高可能会很失望。

有些期刊使用双重匿名的评审方式,作者可以根据需要选择。审稿人不知道论文作者是谁,作者也不知道审稿人是谁。投稿时会要求去掉论文中的作者和联系信息。从目前了解的情况看,没有发现采用双重匿名可以明显提高或者降低稿件接受率,所以如果没有特殊要求,绝大部分还是采用通常的单方面匿名形式,即审稿人知道你是谁,而你不知道审稿人是谁。

请务必记住,几乎所有期刊的投稿指南都会告诉你,同一篇论文不能同时投稿到两个或两个以上的期刊上。一旦被发现,这个可能性非常大,因为同一个研究方向的审稿人数量有限,那么可能会被上述期刊列入黑名单,也就是永远都不能在这些期刊上发表论文。这么做的原因在于,向多个期刊投递同一篇稿件,会浪费相关人员的时间和精力。如果两家期刊同时发表了这篇论文,还会涉及版权等法律纠纷。请注意,如果保持核心思想不变,只是简单换个材料或者体系总结出第二篇论文去投稿,一般也是不允许的,除非两篇稿件的差异足够大。这方面建议大家要高度慎重,不确定的话可以多和导师讨论,他们比你们更清楚可行性和可能产生的后果,也更有经验做出正确的判断和选择。

2. 投稿与发表流程

一般投稿后,会很快收到投稿系统的自动确认邮件,然后就是紧张的等待评审结果。论文完成后投稿,会有直接接收、接收但要求修改、被拒等结果。直接接收的情况一般极少,通常是要求修改或拒绝接收,针对这两种情况,要有不同的应对方法。绝大部分期刊,编辑会初筛,部分论文会在这个阶段被编辑直接拒稿。这个初筛过程一般在一到两周内完成,特殊时期如节假日可能会等上数周。编辑可能会送3～5个审稿人,大部分情况下收到3个审稿人才做决定,如果所有审稿人都很正面,编辑会修改后接收发表;如果两个审稿人正面而一个审稿人负面评价,就看正面和负面的程度以及编辑的喜好,大部分情况下编辑会建议修改后再做最后判断;如果两个审稿人给予负面评价,那就凶多吉少了。有时候,编辑在收到两个审稿人回复后就做决定了,可能编辑自己喜欢你的工作,而很幸运回来的两个审稿意见都很正面,所以编辑会建议修改后接收;也可能编辑一开始并不很喜欢论文,但也不是很确定,所以就送出去看看再说,刚好回来的两个审稿意见基本都是负面,那就直接拒绝。被拒了也别太在意,目标应该是使被拒绝论文比例在一个合理的区间。如果每篇论文都被接收,往往说明选择期刊的水平不够高,应该去找声誉更好的期刊。

在大部分情况下,论文在正式接收前需要修改,修改论文既是对学术能力的考验,也是很多技巧的学习和积累。如果有志于担任教职从事科学研究,那么必须学会如何修改论文。首先,根据审稿人要求,列出所有需要的修改。其次,如果是从事人文社会科学研究,须查询足够的文献资料或者与相关老师详细讨论,有理有据补充完善;如果是从事理工科的研究生,则须安排实验或者理论计算细致研究,在修改稿中添加更多研究数据。最后,应该给编辑写封函件,详尽清晰地告诉编辑已经完全按照审稿人意见修改了论文,并用不同颜色标识和阐述修改部分。这样做会大大降低编辑的工作量,他们可能会对你产生足够的信任,直接接收论文,而不再将修改稿返回审稿人鉴定了。如果没这么走运,修改稿件必须接收第二轮审稿,然后需要重复上一轮的建议和工作,直到编辑认可。

论文被接收后,期刊的文字编辑将会联系校稿出版事宜。文字编辑对文章的学术内容并不感兴趣,主要关心论文的形式是否符合要求。也就是说,保证论文拼写正确、语法符合规定、标点符号使用无误、正文和表格中提到的数据是否前后一致等。文字编辑会把修改的地方或者发现的问题总结成一个清单,然后发给你核对确认。然后需要逐一回复,如果结论非常清楚,校稿阶段就到此结束。如果文字编辑或者自己发现了比较重大的问题,比如,图表不够清晰,或者犯了其他学术性错误,就要花费更多的时间沟通。如果问题比较严重,可能重新修改的地方会再请审稿人鉴定,以确保论文质量不会因此而降低。所以,建议大家在修改论文环节务必高度小心,以获得高质量版本。

一般来说,上述校稿工作需要在 24～72 小时内完成的,也可以给编辑发邮件商量,适当延长时间。最重要的是确保论文没有问题,因为这是最后一关。如果校稿出版后,哪怕只是网上释放出来,发现问题再纠正也必须发布专门的更正声明。显然,都不希望出现这种事情,因为这会影响学术声誉。还有一点请记住,在校稿阶段原则上不要改动论文的内容,除非迫不得已。如果内容调整导致需要重新排版,编辑们往往会感到很恼火。

3. 回复审稿意见的策略

首先请记住,在大多数情况下,审稿专家都是善意的,他们自愿花费大量的时间,确保投稿论文的准确性和高质量,几乎每一份经过评审和修改后的稿件相对于原始版本都有所改进。接下来介绍一些基本策略,以提高论文被审稿人认可和编辑接收的概率。

(1) **充分尊重审稿专家** 即使确信审稿专家考虑不全面甚至有偏见,但在回复审稿意见时表达出这种情绪对作者并没有什么帮助。请务必记住,多从自己的身上去找原因。如果审稿人没有理解某些内容,那么,至少在某种程度上是因为论文没有把观点阐释清楚。如果发现审稿专家似乎不是投稿论文所在领域的,但既然编辑邀请他们来做审稿专家,那么很有可能这种专业水平(或缺乏专业知识的水平)代表了投稿杂志的许多读者。目标是让所有读者(而不仅仅是专家)都能读懂论文。有时候需要通读所有审稿意见,理解审稿专家的研究背景,然后努力去理解一个特别的评审意见,以确保准确和有效回答审稿专家提出的问题。

(2) **主动承担责任** 如果审稿专家没有理解某些内容,应该为未阐述清楚而道歉。即使确信文本已经很清楚了,也就是说,只是审稿专家没有看到,也要考虑修改文本,并在回复意见中附上修改过的文本。一般来说，即使审稿专家所要求的更改似乎没有必要，但通常最好还是修改，以向审稿专家表明他们的意见得到了听取和理解。

(3) 回复审稿专家提出的每一个问题　审稿专家经常抱怨作者根本没有对评审中提出的所有意见做出回应。在某些情况下，审稿专家可能不同意你的回答，但不应试图通过简单地忽略它，来回避棘手的问题。审稿内容通常会包含几个要点，但审稿人可能会在一个要点中提出两个甚至多个不同的问题。在这种情况下，一定要明确地回答每一个问题点。

(4) 通过排版来帮助审稿专家快速浏览你的回复　使用字体、颜色和缩进的变化，以区分三个不同的部分：审稿意见、你的回复、原稿的改动内容。可以在回复的引言部分解释这些排版特点。

(5) 尽可能对每条评审意见都开门见山地回复要点　可以提供背景信息，但也要在给出主要回复之后。尽可能回答"是"或"不是"。如果审稿专家是正确的，要在回复中说明。目的是向审稿专家表明认真对待了他们的评审意见，并且应该尽快提交回复。

(6) 尽可能按审稿专家的要求修改　一般来说，应该避免给人留下这样的印象，即不会费心去做审稿专家要求的额外实验或分析。即使认为审稿专家的要求不合适，或者有其他缺陷，但如果按照他们的要求去做，并在回复中报告结果，然后解释为什么原稿中没有这项结果，那么通常会处于更有利的地位。有时候审稿专家的要求太多了，这些要求超出了论文工作的范围。但是，同样应该认识到，这些范围往往难以精确界定。如果审稿专家要求做十件事，而其中九件不在工作范围之内，那么，不太可能让他满意。在这种情况下，可能要做一些你认为超出原来论文工作范围的事情。

最后，可以采取下面的模板格式来回答审稿专家的每个问题，主要包括四个部分，每个部分至少需要一个段落：

首先，告诉审稿是如何修改的，修改策略是什么，比如在结构上增加了哪些表征,在性能上增加了哪些表征和优化,方法上增加了什么内容,理论计算上作了什么补充,应用上增加了哪些例子,等等。相应地,也总结告诉审稿人针对这个问题,增加了哪些新图。

接着,回答他的问题,就像做报告回答别人提问那样。要提供新加的图,其他有助于回答问题但以前就已经有的图,也可以放上去,重点是结合这些图来回答问题。

然后,告诉审稿人正文中是如何修改的,把修改的内容复制粘贴过来即可,方便他们快速了解细节。

最后,告诉审稿人上面复制粘贴的内容,是在第几页第几段,方便他们万一需要核对时查找。

4. 相关注意事项

(1) 投稿之前再次核对论文格式是否与所投杂志的要求一致。可以把论文打印出来看看图表等是否清晰,分辨率是否足够;可以在宿舍里大声朗读,这样很容易找到行文不流畅的句子或者错别字,马上改正;可以邀请同学(不一定要非常懂你的工作)帮忙看看,他们或许能提供一些非常好的建议。最后要把最终稿件送给所有的论文作者,得到他们的同意后才能把论文投出去,因为合作者不只是享受权利和荣誉,出了问题也要承担连带责任。

(2) 投稿时应选择合适的期刊而不是影响因子最高的期刊,虽然现在二者越来越一致。盯住某几个期刊投稿,有一定积累后,编辑或者审稿人会留下正面的印象,文章就更容易被接收。

(3) 投稿时可以先尝试投稿到较高水平的刊物,不要怕退稿,知名科学家有时也会被退稿。某某知名刊物主编曾说,他自己的文章投向本刊物时,常规做法是由其他编委处理,而编委只能按照审稿人意见决定,所以他自己的文章有时也会被退稿。退稿时审稿人的退稿意见有时是对修正错误、提高水平最好的建议。国际上最好的刊物拥有一批国际上最好的审稿人队伍,他们的意见常常是十分宝贵的。无论论文最终被接受与否,根据审稿人意见修改论文,对提高论文水平都大有益处。

(4) 论文接收但要求修改时,一定要仔细阅读和斟酌审稿人的意见。第一次投稿的时候脑子里第一想着的永远是读者,但是在修改论文的时候则要以审稿人为主,即使审稿人的修改意见比较尖锐,也要努力按照他的意见修改,尽量达到他的要求。如果审稿人理解错误时,切记首先要致谢,然后多从对方的角度出发,委婉地提出意见。

(5) 读校样是最后一次改正错误的机会。除排版错误外,杂志社一般不允许修改原文。但在不影响版面的前提下,个别词句或数字的修正,通常还是允许的。在读校样时,务必十分小心,有时不易发现错误,特别是容易忽略图表说明和数字中的错误。生物化学家邹承鲁院士曾经提及他们的一篇关于胰岛素 A、B 链重组的论文,英文稿在《中国科学》发表时,一张图的纵坐标,排版时把 Reduction 错排为 Radiation,四个作者在读校样时都没有发现,造成这篇经常被引用的重要论文中有一个不可挽回的错误。因此,对读校样这最后一道程序也不能疏忽大意,必须慎而慎之,确保研究论文中信息准确可靠。

(6) 关于在学术期刊上发表研究论文,记住下面几点,对成长可能会很有帮助。

大多数论文都会被拒,学会快速调整状态,然后再重新投稿到合适的、可能声誉低点的其他专业期刊上。

成功的学者已经把自己的脸皮磨得很厚了,失败的学者却做不到这一点。

审稿人也是人,导师也会经常审稿,也许你自己也有机会参与审稿工作,所以说话不客气或者彼此意见不一致是正常情况,不要太介意。如果碰到明显的偏见或审稿错误导致论文被拒,可以和导师商量，必要时应该跟编辑解释澄清。

即便是非常成功的著名学者，也有迈出第一步的时候，碰到过挫折甚至失败。他们之所以成功，就因为他们学会了在挫折中学会成长。

5. 投稿相关文本举例

中文期刊的信件要求，大家应该都比较熟悉，不重复介绍。本章最后重点提供在投稿英文期刊时写给编辑的信件，俗称 cover letter，供大家在投稿和修改论文时参考。在这封 cover letter 信里，可以谈谈潜在的利益冲突问题、审稿专家可能的误解、论文新增加的创新点等，以得到编辑的认可和支持。除了写给编辑的 cover letter，还要写一封针对所有审稿专家意见的回复信，通常叫做 responses to reviewers point by point。这里特别要强调指出，这些模板仅供参考，切勿直接采用。

附件 1：论文第一次投稿时写给编辑的 cover letter 样本。

Dr. ＊＊＊＊＊＊
Editor in Chief
Nature ABC

Dear Editor Dr. ＊＊＊＊＊＊，

I am pleased to submit the manuscript titled "＊＊＊＊＊＊" for your consideration as an article in **Nature ABC**. The following is a short description why it merits publication in **Nature ABC**.

Implantable electronics has allowed biological activities to be measured precisely and treatments to be delivered on-point (**Nature** 2016, 539, 284; **Nature** 2017, 551, 232). Among these implantable devices, the probe as a powerful tool provides key information *in vivo* for us to understand the underlying mechanisms of living activities and diseases.

However, most sensors based on the monolithic membrane substrates and probes cannot conform to the curvilinear tissue surface and generate internal stresses during tissue dynamics due to the geometrical structure and mismatched mechanical properties. For instance, even flexible polymer film sensors show bending stiffnesses of $>10^0$ nN · m^2, while the bending stiffnesses of dynamic tissues are much lower, particularly in curvilinear tissues such as folded and meandering brain (with bending stiffnesses of $<10^{-2}$ nN · m^2). This issue creates an unstable device-tissue interface, compromises the function and accuracy of the device, and damages the tissues over time. Breakthroughs are urgently needed to attain a stable device-tissue interface for accurate and undamaged detection.

Here, we overcome the above challenge by developing a new fibre-shaped implantable sensor with matched bending stiffness ($10^{-3}-10^0$ nN · m^2), ultra-low internal stress($\sim$27 kPa), good biocompatibility and bio-integration, benefiting a strong and stable interface with tissues *in vivo*. The fibre sensor mimics the nanofibril featured surface and hierarchical and helical assembly of native soft tissues by twisting carbon nanotube fibres into helical bundles of larger fibres. Meanwhile, the sensing fibres cause less invasions than surgery and could be injected into any target regions by a syringe-assisted implanting method.

More interesting, various single-ply sensing fibres with different functions (sensing library) were obtained by incorporating different sensing components in the first-level CNT fibres. To adapt the complex chemical environment *in vivo*, the multi-ply sensing fibre could be fabricated by twisting multiple single-ply sensing fibres together, which allowed micrometer-scale spatial distribution of single biomarker and on-point multiplex detection to be achieved. The multi-ply sensing fibre with spatial distribution was thus injected into a tumour tissue of a mouse to reveal the concentration and distribution of H_2O_2 along with the tumour growing from 80 to 1 283 mm^3 *in vivo*. The multi-ply sensing fibre with multiplex monitoring was also injected into femoral vein of a cat to observe the changes of Ca^{2+} and glucose for long-time detection *in vivo*.

Our findings suggest that the fibre-shaped sensors with multiple structural designs have unique advantages to form a stable interface with the tissue and adapt the complex, dynamic physical and biochemical environment, which could ensure accurate detection and minimal damage. These findings will provide an effective and significant tool to help researchers understand underlying mechanisms of living activities and diseases at both basic research and clinical study.

In sum, this work reports:

> ➢ A new fibre-shaped implantable sensor is created by mimicking the hierarchically helical assembly of native soft tissues.
> ➢ The fibre sensor with matched bending stiffness, good biocompatibility and bio-integration could form a strong and stable interface with the surrounding tissue.
> ➢ The unique one-dimensional shape offers an efficient architecture design to reveal spatial distribution of single

biomarker and realize on-point multiplex detection. It is successfully demonstrated in the use of tumours and blood for long-time monitoring *in vivo*.

We look forward to receiving comments from you and reviewers.

Best regards

San Zhang

We provide the following three potential reviewers for your consideration:

Professor * * * * *
Department of Biological and Environmental Engineering
Cornell University
E-mail: * * * @cornell.edu
Research interests: novel biomaterials and engineering approaches

附件2:论文需要修改时,写给编辑的 cover letter 样本。

Dr. * * * * * *
Editor in Chief
Nature ABC

Re: **_Nature ABC_** manuscript nBME-18-8888 entitled " * * * *

* * " by Zhang *et al*.

Dear Editor Dr. * * * * * *,

Thank you very much for your time and effort to have our manuscript reviewed, and for giving us the opportunity to revise our manuscript. We have carefully revised the manuscript according to your kind suggestions with point-to-point responses detailed as below. For your convenience, the main revisions are marked with a blue font in the revised manuscript.

(1) *Demonstration of biocompatibility in terms of fibre toxicity, and the inflammatory response of the gold wire in relation to the CNT wire, and a long-term immune/foreign body assay of the implants, as suggested by Reviewer #1, #2 and #3, with particular consideration given to quantification of fluorescence, and high resolution evidence of the integration of the CNT Fibres with the tissue as suggested by Rev #3.*

Response: We re-designed and re-modeled the experiments to further study the toxicity of the fibre *in vivo*. The required data and discussions have been added to *Paragraph 2 at Page 6*, *Paragraph 1 of Page 7* with new *Figures 2j-m*, *S13 - 18 and S22*.

Reviewer #1 suggested to prove the CNT fibre could not break *in vivo*. Based on the previous work, the materials fragments will accumulate in the organs by blood circulation if they break down (*Acc. Chem. Res.* 2012, 46, 702). The histological analysis of organs from the CNT fibre implanted cat was chosen to analyze whether the fibre will break and be toxic. We implanted CNT fibres in blood vessel for 21 days, and the histological analysis of organs including liver, lung, kidney, spleen and cardiac muscles showed no distribution of CNTs in experimental group compared with the control group (**new Figure S15**). Furthermore, we did the *in vitro* experiment to confirm the stability of the CNT fibre. The CNT fibre was flushed by PVA/PBS solution in simulating the dynamic environment in blood vessels for 28 days. We then measured the UV-vis spectrum of the residue solution. No characteristic absorption peaks of CNTs were observed, verifying that rare CNTs had been dissociated from the CNT fibre (**new Figure S30**).

…

To summarize, the reviewers' comments/suggestions are very helpful to further improve this manuscript. We also provide point-to-point responses to three reviewers in a separate file. Thanks a lot for the kind consideration!

Sincerely yours

San Zhang

附件3：论文被拒后决定反驳时，写给编辑的 cover letter 样本。你会发现，首先需要花一定篇幅来说服编辑，让编辑同意再送审，一般还会送到原来的几位审稿人手上，也有可能再送新的审稿人。无论如何，必须小心并完全回复好所有审稿意见。另外，最好再增加全新的内容，让编辑意识到又有新的发现，论文质量被进一步提高了。

/读研究生/

Dr. ＊＊＊＊＊＊
Editor in Chief
Nature ABC

Re: ***Nature ABC*** manuscript nBME-18-8888 entitled "＊＊＊＊＊＊" by Zhang *et al*.

Dear Editor Dr. ＊＊＊＊＊＊,

　　This manuscript was previously submitted to *Journal Name* (manuscript number). Thank you very much for your time and effort to have our manuscript reviewed. Of course, we understand and respect your decision in any case. However, both Reviewers#1 and #2 commented that "paper by Zhang et al. is interesting" and "highly important". It is very easy to make the related experiments to address their comments although they suggested a major revision. Reviewer #3 also commented that "the cell structure looks interesting" though "feels there are many deficiencies in the supporting data and relatively weak analysis of the results". But in fact, Reviewer #3 had severely misunderstood our work in two key points. Firstly, she/he was not familiar with the structure and advantage of wire solar cells and asked some basic questions which have been already well answered in this field. As a result, "the reviewer feels there are many deficiencies in the supporting data". As a strong contrast, the other two reviewers who had the related background thought that data obtained did verify hypothesis and conclusions. Secondly, Reviewer #3 thought that CNT fiber was similar to CNT sheet because both of them were made of CNTs. As CNT sheets had been tried but failed to fabricate efficient solar cells, Reviewer #3 might think that it's not very important for CNT fibers. However, they are totally different in both structure and property. For instance, CNT sheets were mainly used to fabricate planar devices and not appropriate for wire cells. In addition, the electrical conductivity of CNT fiber could be up to 2 000 S/cm, compared with 1 – 10 S/cm of CNT sheet. The too low conductivity of CNT sheet resulted in very low cell efficiencies in the previous reports. Here CNT fibers were first developed to fabricate wire-shaped cells with efficiencies (4.6%) much higher than all reported wire cells based on nanomaterials (the highest efficiency of 2.87% to date). Therefore, some comments from Reviewer #3 were misleading to you and unfair to us. This is the first reason we re-submit it.

Anyway, we have carefully made the required experiments to fully revise the manuscript according to the suggestions from Reviewer #3. In addition, we have re-organized some sentences to prevent any confusion. Furthermore, a point-to-point response has been provided to clarify her/his mistakes as below. We believe Reviewer #3 will agree with us after reading the revised manuscript and our responses. Of course, a point-to-point response has been also provided for Reviewers #1 and #2 although two minor revisions had addressed her/his comments. Both reviewers recommended acceptance after their concerns had been addressed. This is the second reason we re-submit it.

Besides the suggested revisions from three reviewers, we had further made a lot of more experiments which were not required by the reviewers and discovered some new phenomena. New

Figures 4c, 5, and S12 – S17 and new Tables S1 – S5 as well as the related discussions have been carefully provided in the revised manuscript. This is the third reason we re-submit it. The main new discoveries are summarized as below:

(1) * * * * * *

(2) * * * * * *

For your convenience, the main revisions have been marked with a blue font. Below are point-to-point responses to your comments.

(1) Demonstration of biocompatibility in terms of fibre toxicity, and the inflammatory response of the gold wire in relation to the CNT wire, and a long-term immune/foreign body assay of the implants, as suggested by Reviewer #1, #2 and #3, with particular consideration given to quantification of fluorescence, and high resolution evidence of the integration of the CNT Fibres with the tissue as suggested by Rev #3.

Response: We re-designed and re-modeled the experiments to further study the toxicity of the fibre *in vivo*. The required data and discussions have been added to *Paragraph 2 at Page 6*, *Paragraph 1 of Page 7* with *new Figures 2j-m, S13 18 and S22*.

Reviewer #1 suggested to prove the CNT fibre could not break *in vivo*. Based on the previous work, the materials fragments will accumulate in the organs by blood circulation if they break down (*Acc. Chem. Res.* 2012, 46, 702). The histological analysis of organs from the CNT fibre implanted cat was chosen to analyze whether the fibre will break and be toxic. We implanted CNT fibres in blood vessel for 21 days, and the histological analysis of organs including liver, lung, kidney, spleen and cardiac muscles showed no distribution of CNTs in experimental group compared with the control group (**new Figure S15**).

...

We believe that we have addressed the reviewer's comments, and will be glad to answer any further questions you might have. Thank you very much for the kind re-consideration!

Sincerely yours

San Zhang

附件4：回复审稿专家意见的样本。

Responses to reviewer comments

Response to Reviewer

(1) *In this paper, Zhang et al describe the development of a CNT fiber prepared from twisting carbon nanotubes into fiber bundles. These fibers were modified in a variety of methods to obtain four different sensors for four different molecules. They characterized and studied the function and dynamics of the fibers and used them to create multiple fiber constructs with either a spatial distribution of the same sensor type or a combination of several different sensors. They tested their work both in-vitro and in-vivo. Overall, the authors demonstrate a novel application for carbon nanotubes and the data is promising.*

Response: Thank you very much for the important comments and suggestions. The manuscript has been carefully revised accordingly. For your convenience, the main revisions are marked with a blue font in the revised manuscript.

(2) *Please provide data on the stability of the fibers in vivo. How long can the fibers sense in the body? While fiber function was demonstrated in-vivo for 7 days, could they possibly be used for long term recordings (several weeks)? Please provide data about impedance change/day and the deterioration in the signal to noise ratio.*

Response: Thank you for the important suggestions and we also think the long-term stability is an important factor for electrochemical sensors *in vivo*. According to the suggestion, we further studied the long-term recording stability both *in vitro* and *in vivo*. Firstly, we tested the stability of the fibre sensors *in vitro* model (37℃, 1 × PBS) and found that they could work stably for 28 days. Based on this, the fibre sensors were injected into the blood vessel of 3 cats. All the cats could move freely and be raised normally in a cage. The fibre sensors *in vivo* was tested every week by injecting 2 mL calcium and sodium chloride solution (100 mM $CaCl_2$ and 154 mM NaCl solution) to raise the blood calcium level. Meanwhile, the impedance was tested *in vivo* every other day. After 28 days, the fibre sensor was pulled out, tested *in vitro* and compared with the data before implantation.

During implantation, the impedance magnitude of Ca^{2+} fibre sensor remained stable over continuous monitoring (**new Figure 6e**). The impedance change at the earlier stage may be caused by integration process between the *in vivo* environment and the fibre (*Nat. Biotechnol.* 2016, 34, 320). As for sensitivity, it was found to be stable during over 28 days' *in vitro* test (**new Figure 6f**). After implantation, the Ca^{2+} fibre sensor could monitor the Ca^{2+} level of cat for 28 days without loss of recording qualities (**new Figure 6g-j**). The changes of readings might come from varying physiological status of cat e. g. , the flowing velocity of blood. After taken out, the sensitivity was found to be well maintained compared with initial state (**new Figure 6f**). Please check new **Figures 6e-j.**

Based on the new experiments, we have refined the discussion in the revised Manuscript. Specifically, the paragraphs citing these studies read:

The MSF was retained in behaved cats for 28 days to verify its potential for long-term application *in vivo*. Impedance magnitude of Ca^{2+} fibre sensor remained stable over continuous monitoring (**Figure 6e**). The sensitivity was stable during over 28 days' *in vitro* test (**Figure 6f**). The implanted Ca^{2+} fibre sensors could monitor the change of Ca^{2+} level in cats for 28 days(**Fig. 6g-j**). Finally, this fibre sensor was taken out after chronic *in vivo* implantation, and the sensitivity was also found to be well maintained *via* the same *in vitro* test (**Fig. 6f**).

(***Paragraph 3 of Page 11 in the revised manuscript***)

In a word, they can be used for the long-term recordings for 28 days. The required data and discussion on the stability of the fibres *in vivo* are provided at *Paragraph 3 of Page 11 with new Figures 6e-j*.

第十章 如何作学术报告

> Human beings, by changing the inner attitudes of their minds, can change the outer aspects of their lives.
> ——William James

在硕士或博士阶段,肯定会经历各种大大小小的学术报告。学习如何作好报告以及成功举办会议是很重要的技巧。无论最后选择怎样的职业都将受益匪浅。本章将分门别类地详细介绍如何做好论文开题报告、组会报告、文献报告和会议报告,以及在这些报告中值得特别注意的一些事项。

一、论文开题报告

开题报告包括研究背景综述、科学和技术问题、课题设计、可行性分析和时间安排等几个方面,篇幅不必过大,但要把计划研究的课题、如何研究、适用理论等主要问题写清楚。开题报告的核心内容一般包括:题目、课题的目的和意义、国内外研究概况(有关文献资料的主要观点与结论)、研究方案、可行性分析(软硬件支持)等。

1. 题目

开题报告的题目非常重要,题目是文章的眼睛,要明亮而有神,是整篇论文的研讨中心,是告诉别人你要做什么或解决什么问题。题目是研究工作中心思想的高度概括,要求准确、规范、简洁。要将研究的问题准确地概括出来,反映出研究的深度和广度,反映出研究的性质,反映出实验研究的基本要求——处理因素、受试对象及实验效应等。遣词造句要科学、规范。用尽可能少的文字表达,一般不得超过 20 个汉字。

值得注意的是,题目应当精练并完整表达文章的本意,但切忌简单的罗列现象或者陈述事实。文章题目不宜使用公式式的标题,要体现研究的侧重点,要呈现研究对象以及要解决的问题(也就是研究的对象和研究内容一定要在题目中呈现)。论文题目最好要新颖、简洁,如果确因研究需要,字数较多,就采用主副标题。

2. 选题目的和意义

开题报告的选题目的和意义在于回答为什么要研究,交代研究的价值及背景。一般先谈现实需要——由存在的问题导出研究的实际意义,然后再谈理论及学术价值,要求具体、客观,且具有针对性。注重资料分析基础,注重时代、地区或单位发展的需要,切忌空洞无物的口号。

3. 国内外研究现状

国内外研究现状也就是文献综述,要以查阅文献为前提,所查阅的文献应与研究问题相关,但又不能过于局限。与问题无关则流散无穷;过于局限又违背了学科交叉、渗透的原则,视野狭隘,思维窒息。"综",综合某一学科领域在一定时期内的研究概况;"述"

并不是叙述,而是评论与评述,即要有作者自己的独特见解。要注重分析研究,善于发现问题,突出选题在当前研究中的位置、优势及突破点;要摒弃偏见,不引用与导师及本人观点相悖的观点是一个明显的错误。综述的对象,除观点外,还可以是材料与方法等。文献综述所引用的主要参考文献应予著录,一方面可以反映作者立论的真实依据,另一方面也是对原著者创造性劳动的尊重。参考文献格式要规范,格式统一,养成良好的习惯。

要注意的是,文献综述很容易犯两方面的错误:一是只是高度的加以概括和总结,三言两语就结束了;二是把所有的文章和书籍都一一罗列上去。文献综述的目的在于理清思路,看前人是如何研究的,以及已有哪些方面的研究成果。因此,文献综述是现有研究的依据,梳理文献综述不能马虎或潦草,文献资料查询一定要结合论文的关键词,对大量文献资料提炼观点,并在归纳总结中思考自己研究的亮点。

4. 研究方案

(1) 研究内容　拟解决的关键问题与研究方法。对可能遇到的最主要的、最根本的关键性困难与问题要有准确、科学的估计和判断,并采取可行的解决方法和措施。不要罗列一大堆的研究方法,而是主要提炼一两种研究方法,侧重研究即可。研究内容一般是两三点,当然也可以更多,但是一点是绝对不够的。

在开题报告中,首先提出研究内容,然后简单地解释。研究内容是要和将来的学位论文结合起来的。所以,在决定研究内容时要注意工作量。首先工作量一定要够,其次是涉及的面不能太散乱。在写自己的研究内容的时候,一定是要可行的、有科学依据的,切忌自己凭空想象。

做开题报告要认真考虑研究目标、研究方法、研究内容以及创新点。

只有目标明确、重点突出,才能保证具体的研究方向,才能排除研究过程中各种因素的干扰。要根据研究目标来确定具体的研究内容,要求全面、详实、周密。研究内容笼统、模糊,甚至把研究目的、意义当作内容,往往会使研究工作进程陷于被动。

(2) 研究方法　选题确立后,最重要的莫过于方法。不看对象地应用方法,错误便在所难免;相反,即便是已研究过的课题,只要采取新的视角,采用新的方法,也常能得出创新的结论。

所谓创新点,即要突出重点,突出所选课题与其他研究的不同之处。

开题报告有三点要注意。

(1) 要写什么　重点对已有文献综述,介绍国内外研究现状,如实陈述别人的观点,然后评述。评述要客观,重点说明不足之处或尚待解决的问题,所以有待研究。论文要写什么是根据文献综述得出来的,而不是想写什么就写什么。

(2) 为什么要写　主要是说明选题的意义。在理论上发现文献有什么不足或研究空白,论文就有了理论价值。因此,要说清楚依据文献综述选出来的这个题目,在整个相关研究领域占什么地位,即理论价值。同样,也可以从实际价值的角度去谈,即题目对现实有什么意义,可能在实际中派什么用场,等等。

(3) 怎么写　应当说清楚选了这个题目之后,如何解决这个问题。要说一下大致的思路,同时重点阐述要采用什么方法去研究。

总结来说,在上述三个方面,文献综述是重点。没有文献综述,就无法找到题目,也不知道这个题目前人已经研究得怎样了。当然,综述的目的还是引出话题,所以不能忘记评述。

二、组会报告

课题组通常会每周、每月或每两个月组织一次组会,频率取决于实验室的规模。组会报告的主要作用包括介绍最近的研究进展和失败的教训,使别的同学从中受益;汇报最近碰到的实验难题,获得其他同学群策群力的帮助,从而高效率解决问题;通过组会报告也能提高做报告的能力。

在组会上介绍、讨论工作时,不要假设组里所有人都非常了解你所遇到的问题,尽量详细地讲清楚。

> 要向对实验数据有贡献的同学或同事致谢。
>
> 当别人提问时要仔细倾听并表示感兴趣。
>
> 即使实验有困难,也切忌消极悲观。要以开放友好的方式询问他人的建议和帮助。
>
> 不要羞于承认自己的无知,每个人都是在学习,没有人会懂得所有的事情。
>
> 当别人对实验提出质疑时,不要急着反驳,先仔细思考一下是否有道理。

主持组会,则需要提前做好准备。要充分预估会议可能发生的情况并做好应对意外的计划。能提前预料和评估意外,便能更有效地处理会议的核心问题。比如,如何介绍,每一个环节如何控制,会议可能分哪些阶段,可能会发生哪些情况,以及如何去应对这些情况。没有经验的人主持会议之前一定要充分调研和准备,这和作报告是一样的。熟悉之后,不仅作报告和主持会议,在其他的场合,都会更有经验。

(1) 准时开始 这是对于准时出席会议的人的最基本的礼貌,也能从一开始就体现团队的严肃认真。

(2) 遵循日程计划 每个人都应有一份会议日程安排表。日程安排表能确保会议正常进行,排除一些不必要的讨论。所有人都有机会在日程安排表中添加项目,允许团队成员在会前提交日程安排项目。

(3) **有些人倾向于主导讨论工作**　主持人应确保每个人都有机会参与,才不会导致有人因为觉得自己的意见没人理会而离场。

(4) **遵守时间表**　要尊重每个人忙碌的工作安排,准时结束会议。如果讨论太长难以解决,就需要询问组员的意见,是愿意延长会议还是留待下次再讨论。主持人要控制讨论节奏并禁止一切粗鲁、无礼的行为。

三、文献报告

文献报告是向听众讲述最近某重要方向或新兴领域的研究进展。听众一般不太了解,因此必须提供大量的背景介绍。尽量使用科普性语言,理论联系实际应用,结合专业背景来思考与阐述。

选择合适的主题,因为听众专业背景相差较大,所以尽量选择具有很强交叉性的研究方向。选题要能吸引大部分听众的注意力,并通过他们来影响其他听众。

要选择合适的文献。尽量选择最新的参考文献,一般选择近5年的;尽量选择发表在顶尖国际期刊;尽量选择本领域主要课题组代表性研究工作;重点选择两三篇文献系统介绍,其他文献按照某个结论归类简述。

文献报告中的工作内容都是别人完成的,很多实验细节肯定不知道,所以说话时态度不能太绝对,要采用探讨的语气。如果确实不知道,可以实话实说,但尽量多提供一些相关信息,给人印象会更好。

四、学术会议报告

学术报告的目的在于介绍自己的研究工作,别人的工作只在背景介绍时简单总结。一般听众都是同行，可以讲得比较专业。要讲出特色，在一两点内容上给听众留下深刻的印象，使他们能记住报告。

1. 制定目标

准备报告的PPT和写作论文是一致的，写论文之前要有提纲，PPT类似。有了提供基本信息的提纲，报告的主线、思路和逻辑才会很清晰。开始设计PPT之前，先花点时间在纸上描绘出报告提纲，确保演讲的内容具有逻辑性及合理的框架。要厘清以下三个问题：报告的目的是什么？主旨是什么？想让人们在听完报告后记住哪些关键信息？将这些问题的答案列成清单，要时刻铭记一点：好的交流最重要的不是信息的传递，而是信息的接收。这意味着演讲的准备、演示以及内容必须以听众的需求为主。一旦清楚目的是什么，即可开始撰写演示草稿。要使用关键词和项目符号，而非整个句子。草稿完成后需要核查以下几点：演示文稿是否具有逻辑性和统一性？是否有无关紧要可被剔除的数据或信息？是否准备了太多信息内容导致超时？每一个报告的场合都是不一样的，目的也不尽相同。只有厘清了报告的主线，确定了报告的场合，清楚了报告的核心，才能准备一场成功的报告。

2. 分析听众

制定了演讲的目标及大致提纲后，下一步需要考虑的是听众。报告最需要关注的是听众的要求。如何达到传达知识的目标，以引起听众的兴趣？如何让他们更好地了解演讲的主题？

一般而言，听众相关专业水平一般分几个级别：首先，听众如果是自己的研究团队，他们的知识层次非常高，就不需要太多的介绍，直接讲述研究工作就行；如果听众属于同一个专业方向，他们知识层次可能相对稍低，则需要稍微介绍一下背景知识；而有些时候听众可能非常广泛，那就要提供更多的背景信息；科普报告的听众完全没有背景信息，所以不能直接讲述任何专业的东西，需要采用比喻的方法。实验的细节在组会时是需要的，但在很多其他场合则不需要，比如参加学术会议的时候。除非实验非常重要，或是研究结果就是设计某个实验来解决某个问题，可提及实验细节，否则一般情况下不必涉及太多此类信息。

很多研究生常犯的一个错误是，认为他们需要从头到尾地告知听众他在实验室所做的所有事情。这是一个普遍的错误，一时对听众灌输太多信息，可能会使他们无法把握重点而感觉茫然失措。演讲必须保持简短，紧扣主题。不必把迄今为止所做的所有事情都告诉观众以博取喝彩，否则主题会迷失在杂乱无章及离题的非必要细节中。

3. 选择合适的主题

如果没有选择余地，在侧重点上可以结合一些听众感兴趣的热点领域来阐述。

回答问题时因为报告内容都是自己的工作，实验细节都知道，说话时语气可以比较肯定。

4. 遵守时间

作报告的时候尽可能不要超时。给 20 分钟，就讲 20 分钟，15 分钟甚至更好，可余留一点时间在最后用于提问和讨论。因为报告具有不确定性，这也是让很多人感到恐惧的地方。当这些不确定因素发生的时候，千万不要慌张。无论演讲过程中发生什么情况，无论感觉多么紧张不安，都不能打乱节奏，要坚持最初的演讲计划。一般不建议重新调整思路，不要试图用无关的故事或趣闻岔开话题，这样很难达到比较理想的结果。

五、学术报告的内容与形式

1. 内容与形式的关系

在做学术报告时必须注意两个方面。第一方面,如何把握好内容与形式。第二方面则是三个法则,即不要撒谎、不要故作幽默、不要惊慌失措,最后一条尤其重要。

内容与形式的关系,可以用一句话来概括:内容不是全部,重要的是怎么说(即形式)。内容是研究报告的核心。如果没有创新的研究内容,那学术报告最多起到娱乐观众的作用。这对学术发展是有害的,因为同行们往往根据研究想法和研究成果,来判断你的学术能力。形式对于学术报告至关重要。形式可以在很大程度上说明,你是什么样的人,你是怎样做研究的。在很多关于口才与演讲的书籍中,讲了如何着装、如何说话等很多细节。但是,请注意学术报告与这些书籍提到的公共演讲还是有所区别的,必须很谨慎地根据实际情况,遵循不同的要求。

2. 报告内容

在内容方面,大部分学术报告包括三个部分:首先告诉听众要讲什么,然后系统讲,最后告诉听众讲了什么。这条建议很重要,值得采纳。开头部分决定了报告的总基调,告诉听众所讲的内容为什么重要,为接下来主体报告内容做好铺垫。第二部分是主要内容,是最长的部分。结尾部分总结发言。每个部分可以再分为若干个小部分,这个根据学术报告的长度而定。

在内容方面容易犯的典型错误总结如下。

(1)错误判断在规定时间内能够讲的内容。避免这个问题最好的办法,就是事先演练讲话并计时,然后根据情况增加或删除内容,再次演练,直到时间恰到好处。这种方法,对于较短的学术报告非常有效。如果报告时间较长,比如要一个小时,反复演练会很累人。更好的办法是,在演练一遍之后根据需要调整材料的数量,并事先拟定计划:如果到时候时间不够,将删除哪些内容;时间若充分,将增加哪些内容。

(1) 控制好时间的小诀窍　可以事先计划好,在什么时候应该讲到哪些内容,并把计划好的报告进度写在纸上,如 11∶00 开始讲纤维状锂离子电池部分。然后在做报告的时候,参考这个说明,判断报告是否如期进行,是否需要调整,等等。对于比较短的学术报告,通过认真演练是可以控制好时间的。例如,有人在应聘时被要求做 8 分钟的学术报告,其中能否掌握好时间也是被考察的能力之一。他的策略就是事先很多次排练,不断调整材料,直到把报告时间控制在 8 分钟左右。做报告时,他故意不看表,还是通过观察听众的面部表情来估计可能剩下的时间。结果在离规定结束时间还有几秒钟的时候完成了学术报告。听众感觉到他根本不需要看表就能掌握好时间,这给听众留下来非常深刻的印象。大多数应聘者在 8 分钟的时间里,即使不断看表也不一定能如此把握好时间,而不看表就能做到体现了极高的专业能力(至少对自己的研究成果非常自信并且逻辑清晰)和沟通交流能力(对于未来发展至关重要的本领)。

(2) 如何选择难度合适的材料来组织学术报告　如果报告的技术含量很高,而听众却只有很少的了解,那么报告很可能会让大家感到无聊。相反,如果对本领域专家讲一些基本的东西,这也会使听众和自己感到尴尬。最好的策略是与活动主办方联系,事先了解清楚听众的背景。大多数主办方会很乐意帮助,他们会认为事先询问情况,体现了高度的专业精神。如果听众很熟悉报告主题,就可以在学术报告中加入大量的细节,来显示对该领域的深刻理解,然后再把报告的中心转移到听众比较陌生的内容上去。

各种演讲类书籍往往针对的是公共演讲,会建议报告尽量有趣味性。要达到趣味性,则经常暗示着,技术细节必须减到最少,并且要用简单的语言介绍。但是,对于学术报告这并非明智之举。这里提供两个可能的建议。第一,可以在报告开场白或者致谢环节,适当插入一些幽默的表述。第二,也可以在报告中间牵涉某些有趣的细节,适当延伸一下,但不要过分。一些著名学者的学术报告很擅长这么做。可以先学习他们的策略,并在不太正式的小型研讨会上尝试,然后根据情况判断,是否可以在比较正式的学术报告会上采用。

2. 报告形式

形式和内容在某些方面有重叠,但是通常二者之间的区别还是非常明显的。

(1) 给听众的印象 听众在见到你之前,事实上已经形成了印象,这印象有很多来源。比如,在应聘面试前,读过了简历。简历上是否有特别让人印象深刻的成就或者故事?研究总结吸引人吗?在学术场合,在发言前,听众们至少已经知道了报告题目,或许还读了报告摘要,那么,报告题目和摘要有吸引力吗?它们是否能够充分代表主要报告内容?换位思考上述问题,有利于判断采取何种方式来介绍,更容易让听众接受。

听众们了解你的第二个途径,就是主持人的介绍。比较理想的介绍,比如,"我们很高兴邀请某某来访问交流,相信在座的诸位已经通过他与我们系某教授的合作,对他的研究比较熟悉了"。不太理想的介绍情况是,主持人不断看介绍材料,而且把名字读错。如果学术事业蒸蒸日上,那么碰到第一种介绍的可能性会大大提高。

听众也会根据外表和行为,来形成印象。着装正式到什么程度?整齐吗?是否适合做比较正式的学术报告?在面试报告时,通常会非常注意着装。在普通的研讨会上,除非把自己打扮得实在太怪异了,听众一般是不会注意到你穿什么,而把注意力集中在学术报告的内容上。如果不清楚报告场合的着装要求,可以问清楚,也可以通过观察其他人的穿着,来积累相关的经验。

(2) 容易犯的典型错误　总结成下面几点。

大部分没有经验的发言者总是以紧张的微笑开始讲话,接着往往又会在使用投影仪或者电脑时遇到问题,比如,发现电脑中的演讲报告文件无法显示到投影屏幕上,更加尴尬。所以,要提前熟悉环境和可能要用到的设备。

做学术报告开始前,一般会自我介绍。事实上第一张幻灯片就显示了姓名和单位信息,可以借此机会调整状态,比如,找到合适的站立位置。最常见的错误,是站在观众和投影屏幕之间,使自己身影,投射到屏幕上,而幻灯片上的图表又会投射到脸上。这样会严重干扰演讲,降低听众的注意力。养成习惯,总是站在屏幕的一侧,这样在没有激光笔或者想做其他强调时,可以通过阴影来指示幻灯片上的部分内容。

新手们往往试图在一张幻灯片上,写尽可能多的内容,生怕错过信息甚至细节。应该使用大号字体,以便坐在后排的人也能看得清楚。幻灯片上必须留出一些空白。一方面,使观众们不至于被过于密集的信息吓倒;另一方面,有时候从电脑切换到投影幕布上,因为格式问题可能导致部分边缘区域无法显示,固而丢失部分信息。建议在幻灯片上主要提供关键信息,口头解释细节,千万不要照着幻灯片读。

图表中的数字或者文字一般比较小,坐在后排的观众不一定看得清楚,应该事先检查一下幻灯片的清晰度和大小。不够清晰要重新作图,或在演讲中,比较详细地补充介绍。

要让最后一排的听众听得清楚,讲话的声音要响亮,最好先问问后面的听众是否清楚。新手往往碰到的一个问题,开始时声音很洪亮,但声音越来越小,几分钟后变成了喃喃自语。避免这个问题的做法是,讲话进程中,在幻灯片或通过其他途径不断提醒自己,比如:"幻灯片6:声音足够响亮吗?"另一个更难掌握的办法,或者往往需要一定的时间来积累的办法,就是观察听众的反应,判断他们对报告的接受程度。

典型的不良现象有:

> 有人看着窗外。
> 有人在和周围的人说笑话。
> 有人摇头。
> 后面几排的听众为了听清楚报告,正向前倾身或伸长脖子。
> 后面几排有人询问周围的人,幻灯片上显示了什么。
> 有人不断看表。

典型的好现象有:

> 听众认真做笔记。
> 总结某个方面材料时听众不断点头。
> 听众在看幻灯片时,不断与周围的人低声交流,表现出饶有兴趣的样子。
> 听众很有兴趣地观看幻灯片。

要让观众感觉到,你是个专业人士,对相关课题有非常透彻的了解,可以使用写作时经常用到的方法来传递这些正面信息。比如,在背景介绍中,引用一些经典文学,然后顺便概述一下对这篇文献的较新和较深入的评论。这个评论,最好是除了学术界的重量级人物之外,其他人很少了解的。

六、做好报告的技巧

可能的话,在学术报告开始前先检查一下场地。不但要从你的角度,还要从听众的角度去考虑。从你的角度看,你应该站在什么地方?地上是否有诸如电线之类的"绊脚石"?是否可以清楚地看到观众,尤其是最后一排的观众?从观众的角度看,不同位置是否都能看清楚屏幕?屏幕是否有反光?

1. 学习他人的报告

对于某些学术报告如面试报告,是具有竞争性的。值得推荐的做法是思考一下,别人可能会做什么,然后想出一种与别人不同或比别人更好的办法。别人会把重点放在哪些话题上?他们没有想到而你可以在面试报告中突出的元素有哪些?

参加别人的学术报告,比如系里经常会邀请一些教授来做讲座,也是一个积累报告经验的途径。即使他们的报告主题和你关系不大,也值得参加,因为至少可以观察别人是如何做报告的。有可能在未来某一天,发现他们的报告对你的研究很有启发。如果他们的学术报告你丝毫不感兴趣,也可以留意报告人使用了哪些内行的招数,或者犯了什么错误,这样能够间接改进自己的报告风格。要提醒的是,当一些著名学者来访的时候,强烈建议大家去听他们的报告,这些学者在世界上具有广泛的影响力,意味着他们很擅长把自己的工作跟别人分享并得到同行认可,因此在这些报告中你会受益匪浅。

参加别人的学术报告,尤其是一些著名学者的,还可以了解这类场合的礼节和惯例。看到别人因为一个幼稚的问题或者回答而被攻击是很痛苦的,但要比亲身经历此类情形好受多了。也可以在这种场合了解大家对于某些行为的看法,比如坐在听众席上睡着了。这个通常被认为是不礼貌的行为,但有时也被当作是对报告人的蓄意侮辱。又比如问一些带有敌意的问题,有的认为这很不应该,还有的则认为这是一门艺术。思考这些特殊条件下如何应对,找到有效的策略,做报告时会更加自信,并在出现类似突发情况时从容面对。

2. 灵活应对

在一些场合,可以回避问题,不需要反对批评意见,可以说,"这是一个有意思的观点,不过据我所知,它在文献中很少被提及。"对方很难充分地反驳这句话。既显示了礼貌、开放、乐于接受别人的意见,又暗示了相关领域研究通常会忽略对方提出的观点,而并不是你在这方面的失误。

如果听众的确指出了研究中的一个缺陷,那么应该向他们表示诚挚的感谢,回去以后认真检验他们的说法。他们可能是对的,越早改正问题自然越好。在这种情况下,可以请听众详细阐述他们的观点,作为对他们提问的回应。他们有可能是错的,或者只是随口说说。礼貌地请他们展开讨论,就能看出他们的建议是否是认真的,是否值得考虑。

这个世界是不公平的。有时候即使是对的,仍然会遭到人们毫无道理的不公正待遇,甚至尖锐的批评。有时候一下子想不出一个既聪明又正确的回答,有时候可能要等上很长时间,才意识到如何去回击以前的问题。下面是曾经碰到的两个例子,大家有所了解,可以提高耐受打击的能力。

> 某个学术报告会上,听众发言的第一句话就是"这是我听过的最无知、最没有内容的报告"。

> 在博士学位论文答辩时,一名校外评审专家提问的第一句话就是:"你能给我一个充分的理由,告诉我为什么不应该用这篇论文来当草纸吗?"

被批评后,你一定很难过,那就找朋友出去聚餐,或者看个电影,或者做其他可以让你调整状态的事。第二天,可以问问自己,面对批评该怎么办?这些批评公正吗?如果公正,要想出办法解决问题,可以多跟导师或者其他团队成员寻求帮助。如果不公正,今后应采取什么措施来降低受这类不公平批评的风险?要记住,寻求报复与最初的不公正一样,都会对你造成重大损失。在很多情况下,最好的办法是继续踏上追求真理的征程。对于一个人的发展,批评经常是一种财富,它会促进你进行更深入的思考,以不断提高学术能力。原创的科学发现,刚开始时往往在一片批评声甚至尖锐的攻击中蹒跚起步。要做出一流的研究成果,必须能够经受住各种打击和批评。

3. 消除紧张

在做学术报告时,往往会感到紧张,下面是一些预防措施,可以减少你的紧张情绪。

(1) 做充分的准备　做好准备工作并不会消除不紧张,但能帮助克服紧张情绪。如果事先演练,获得了不错的效果,并通过演练改进了可能出现问题的环节,那么在实际做学术报告时就会自信很多。

(2) 准备提示卡片　如果必须记住某些关键信息,比如一些专业术语和名字,那么可以写在一张提示卡上,需要的时候可以参考卡片上的信息。

(3) 预料到紧张　把最担心的事情想一遍。可能会发生的最糟糕情况是什么？如何面对这些情况？问问别人是怎么处理的。

(4) 找到友好的听众　在做报告的过程中,总会有些听众对报告非常感兴趣,或者看起来比较亲切。找到这些人,然后在做报告时经常去看看他们的表情,这样报告可能会显得很亲切,类似于跟别人在友好的气氛中舒服交谈,可以娓娓道来。

(5) 停下来深呼吸　在讲述报告的过程中做短暂的停顿,深呼吸,会感觉停顿的时间有点长,但实际上观众根本察觉不到。停下来片刻是有必要的,能镇定下来,更好组织思路。均匀呼吸,报告会因此更加成功。

(6) 告诉听众你还是个学生　如果很紧张,就在自我介绍时告诉听众你是个学生,这样他们可能会因此比较宽容。比如,可以感谢导师,这样听众就知道你是个学生。

(7) 了解过去报告会上听众的提问　听众非常有可能提出跟以前类似的问题,回顾一下过去没有回答好或者回答有难度的问题,并想好答案。

(8) 穿舒服的衣服　你在做学术报告时,要想的事情够多的了,不希望因为鞋子夹脚或担心衣服不合适而分心,所以一定要穿上自己感觉良好的衣服。

(9) 事先预测可能的问题　在做学术报告时,很多研究生最担心的恐怕还是提问环节。如果你知道一些技巧,可以提高你的自信心,减少你的焦虑。第一次做学术报告,可以与导师或者团队高年级研究生讨论,甚至在他们面前试讲一次。看看他们可能会问哪些问题,然后记录下来并想好答案,因为这些问题极有可能被其他听众问到。

对于技术性很高的问题,或者牵涉到一些细节需要查阅后才能回答的,可以告诉对方会后再跟他讨论。可以说:"这个问题很有趣,但我无法简短地回答,我们能在休息时间讨论吗？"

对于没有完全听明白的问题,或者不完全确定的问题,可以试图按照自己的理解重新组织一下,"如果我没有听错的话,您是在问我如果……"然后给出你的回答。如果你根本没有听懂问题,也可以要求对方再问一遍,他们在第二遍时可能会把问题讲得更清楚。

对于很怪异的问题,往往是一些比较偏僻的方向或机理。即使对方重复了一次问题,你还是不知道如何回答,事实上可能也不太了解,这个时候可以说:"这个问题听着很有趣,但我此前没有太多的思考,我回去后会对它做一些研究的。"

4. 通用的演讲技巧

(1) **用合适的细节支持演讲的基本信息**　必要时不要吝于介绍背景及来龙去脉,或解释缩写的意义,即使看似显而易见。在各类学术报告中尽可能不要使用缩写词,很多时候听众无法理解。报告标题要简单易懂,如果标题都看不懂,别人就不会来听报告。如果使用了缩写,就一定要解释清楚这个缩写代表的是什么,听众中对主题不甚了解的人对此将非常感激。

(2) **列出关键词**　头几次演讲中,列出关键词可避免遗漏一些关键信息。原则上不超过三行,不建议文字太多,密密麻麻的文字容易让听者厌倦。很多人经常犯一个错误,想把所有的信息都列上去,事实上很多学术报告都有这样的缺点,这其实完全没有必要,反而会显得啰嗦。只要跟着报告的主线,把最重要的东西反映给听众。无论如何不能在演讲过程中照本宣科,这会令所有人感觉索然无趣,昏昏欲睡。把所有的演讲内容都写下来作为提示单也不好,会找不到关键词。

(3) **大声排练**　轻松演讲的诀窍是充分熟悉材料,在不需要任何提示的情况下便知道该说什么。如果必须帮助记忆,仅须准备一些只有一两个关键词的小卡片作为提示。这些卡片要与幻灯片或其他视觉辅助工具相对应,所以要在卡片上标记上正确的幻灯片页码。

做好以上准备工作,接下来要大声排练演讲。首先自己练习,刚开始会不习惯,但自我放松并在安静的房间习惯自己的声音是非常有效的练习。然后可以在少数同学或信赖的同事面前练习,利用这种排练方法可调整演讲的步骤,掌握视觉辅助工具。最后请教同事们的意见和真实评价,朋友的建设性批评有利于促进改善,这远比听陌生人的唠叨和抱怨有用。

无论正式还是非正式演讲,听众多或少,以下几点建议可供采纳。

向听众打招呼并介绍自己,即使在非正式场合也不要假设每个人都认识你。介绍自己有两个好处,一是可以提醒听众,使听众安静下来并将注意力转移到你身上,二是自我介绍能让你可以安心进入一个比较良好的状态。所以,一开始的介绍是很有必要的。

清楚明确的演讲通常遵循以下标准的三部曲模式:告诉听众将要汇报什么内容;系统汇报;通过总结,告诉他们汇报了哪些内容。第一步,让听众有所准备,用一两句话简短地描述演讲内容,可作为铺垫并营造合适的语境。第二步,通过视觉辅助工具告诉听众排练过的细节内容。第三步,总结你的演讲内容,使听众在离开后仍能记住主题与核心信息。

(4) 要有意识地运用声音 怎么说和说什么一样重要。清楚地表达并确保房间里所有人都能听到。应使用自然的语速,不要仓促,也不要太健谈。沉闷单调的声音会使听众犯困,所以演讲时调节音高和速度尤为重要。在关键点要适当暂停以便听众理解你的话。

(5) 观察听众 演讲时要看着听众,要与尽可能多的人眼神接触,来建立与听众的和谐关系。这既是尊重,也是判断听众对演讲内容的理解程度与是否感兴趣。注意不要只盯着某一个人以免引起紧张。调整面部表情,如果你看上去很无聊,听众也会觉得无聊。演讲活跃生动,听众才会感兴趣。

(6) 不要站在投影屏前演讲　说话时要时刻注意听众的身体语言及非语言反应,以便了解什么时候该停下来,以及什么时候应该省略一部分内容。一旦感觉讲得太久,听众已经不耐烦,就该做一些适当的调整了。

摒弃以下令人厌烦的习惯:

> 站在屏幕前,身体挡住屏幕。
> 过大的动作幅度,过于夸张的肢体语言。
> 背对听众,含糊其辞。
> 逐字诵读幻灯片。

(7) 重视辅助工作　关于科学数据的报告是相当复杂的,所以最好借助一些视觉辅助工作:有图片、表格的幻灯片是演讲的核心内容。尽量少用文字,千万不要用满屏的文字,只用关键字和图表来说明。人们更容易接受图片信息,大段的文字无法达到好的效果,漂亮的示意图很容易将信息传递给听众。要使 PPT 尽可能看起来简练,简洁有效地将想法传递给听众。对于成功的演讲,有效地使用视觉辅助工具和表达一样重要。被迫面对一堆难以理解、难以看清或是堆砌了太多费解内容的拙劣幻灯片,对于听众来说是最糟糕的。

视觉辅导工具有很多种:透明胶片、PPT 幻灯片、视频和影片、挂图或白板、分子模型或其他 3D 辅助工具。

无论使用何种视觉辅导工具,都应力求简单。避免在同一场演讲中频繁切换不同的工具,容易产生迷惑和分散注意力。有一点必须注意,要事先确认如何操作这些设备。

每张幻灯片和透明胶片应包含最少但能表达观点的必需信息量：不多于三行的文字，一张图片或一张表格（要确保房间最后一排的人也能看清）。每张幻灯的文字应限制在 10~12 个字。使用不小于 18 号的字体。小于 18 号的字体很难看清。英文尽可能使用 Arial 字体而不是 Times New Roman，中文则尽可能使用黑体而非宋体，视觉效果最为清晰。题目和关键信息宜用更大的字体。一张幻灯片尽可能只围绕一个主题，分小节而不是一大段。

幻灯片要避免使用从已发表的报告中影印的图片，因为清晰度会变差，难以辨认。尽可能下载原文的电子版本的较清晰的图。

使用色彩要慎重。不要五颜六色。一般而言，黑色、蓝色、红色是最清晰、最容易接受、反差最明显的三种颜色。比如，标题使用蓝色，具体的内容使用黑色，想强调的部分使用红色，整个PPT显得非常清晰而舒服。字体大小、颜色等风格都固定下来，做PPT的效率就会很高，效果也就更好。

要事先了解房间的灯光，如果屏幕前灯太多，听众会很难看清幻灯中的细节。但是，也不要把房间调得太暗，否则听众很可能会睡着。

在演讲过程中无论做什么，都要记得放松并努力享受自我。如果你真正放松并能很好地掌控了资料，演讲会令听众更易理解并产生更大的影响。

七、报告中注意事项

准备PPT需要的素材时，先草拟报告提纲，然后按提纲把论文的图保存下来。尽量采用高分辨率彩图，可以按照文献思路或者自己理解画示意图。把重要的句子和结论用荧光笔突出标记。如果有视频等，应尽量利用上。

准备PPT时，所有图表素材插入到幻灯片中，原则上每张

第十章　如何作学术报告

PPT放一张图,主题突出。然后,用关键词对图表作必要的解释和说明,文字尽量简洁明了。最后,给每张PPT加上必要的标题,从逻辑上把所有内容串起来。

报告前需要确认是用自己的电脑还是别人的。若是别人的,须检查兼容性以及在放映时是否会发生格式变化。如果可能,自己带上电脑、U盘、激光笔等。如果发生意外,不要慌张,赶快思考对策。要反复演练。只有在大声演讲的时候,时间、突然的过渡和混乱的解释,这些问题就会暴露出来。演练也可以减少焦虑。重要的报告,大部分人都会反复练习;一般的报告,也应认真对待。

演讲时要特别注意时间,快速掠过幻灯片而不能给大家留下任何关于其工作的印象,令人厌烦。一次好的展示的关键是用尽量少的信息能够表达观点。每页幻灯片最多一分钟是一个不错的规则,但是具体的数字应该由排练来决定。

了解并把握听众。不存在对所有人都适用的演讲。了解听众的专业性和水平的多样性,提供需要的背景和细节。不指望每个人都是专家,但要避免对听众屈尊俯就。提前设定好目标,由于需要限定材料,所以必须认真判断要让听众记住哪些要点。一旦这些要点清晰,就围绕这些要点来组织演讲,并确保每页幻灯片都在为目的而服务。

保持幻灯片内容的简单。幻灯片是一个可视化的辅助,而不是演讲本身;它们应该帮助你表达演讲的实质,而非细节。标题列表要胜过大段文字。避免完整的句子,因为听众会情不自禁地去读,致使他们分心。这种文本的"经济性"意味着,必须明智地选择文字,以确保突出了重点概念。示意图和漫画要好过文字,但要简单,表达基本元素。最后,图要好过表,并要适当标注。尽量保持幻灯片设计上的简单,选择坚实的背景和适当的颜色对比。要为所有的文本(不要忘了漫画标签和图轴)使用一种清晰可读的字体。在幻灯片上表达太多信息,就会使字体小于20点(points)。

要慎重使用动画和多媒体,在很多情况下,一个简单的动画所表达的概念比一个静态的漫画要好。但是,在动画的使用上要三思(尽量少用),因为过多的动画会分散听众的注意力。使用别人的电脑,有可能画面不能播放。因此,不要围绕它组织演讲,或者,准备意外发生时的对策,如用多幅静态框架的幻灯片。

第十一章 学术道德与学术规范

> You can cheat all at a time, can cheat some persons forever, but can't cheat all forever.
>
> ——Abraham Lincoln

康德曾经提出过"人为自己立法"的著名命题,讲的就是要坚守道德自律。道德实质上是一种自律性规范。学术道德是指从事学术活动的主体,在学术研究的过程中应遵循的道德规范和行为准则,是研究人员职业道德的重要组成部分。学术道德具有鲜明的主体性,规范研究人员在整个学术活动中,以严谨、科学的求实精神繁荣学术。学术道德也具有突出的自律性,要求研究人员在工作中将学术共同体公认的道德规范变成自律的行为准则。学术道德是学者的基本管理规范,也是学者提高学术创新能力、增强发展原动力、促进学术繁荣发展的重要保证。但是,我们国家在学术道德方面的教育方面长期重视不够。比如,根据中国科学技术协会对三千名博士毕业生的调查表明,从学校课程中了解到学术道德和学术规范基本知识的人仅占21%左右。《中华人民共和国学位条例》规定了硕士和博士研究生应当达到的研究能力,但却没有对学术道德提出具体要求。因此,高等学校和科研机构都亟需加强对研究生学术道德的教育,力戒急功近利、心浮气躁、弄虚作假的不良习气。

1. 我国研究生学术道德和学术规范发展现状

加强学术道德和学术规范的教育,需要了解研究生培养体制的发展历程,明晰现在研究生学术道德教育面临的主要问题,知道学术道德失范后不得不承担的严重后果。

自1978年全国恢复研究生招生以来,我国的学位与研究生教育已经走过了40多年的历程。作为培养高层次专门人才的主渠道,我国学位与研究生教育向国家输送了一批批优秀的博士和硕士毕业生,为我国由传统农业社会向工业社会和信息社会的转型,提供了人力资源支撑。商务部、教育部、卫生部、水利部、人事部、司法部、计生委等7部委的38名副部级领导中,47.1%的人是改革开放之后我国自主培养的研究生,而且15.8%的人具有博士学位;2005年新增的51位中科院院士中,在国内接受研究生教育的有17人,占到总数的$\frac{1}{3}$;神舟5号、6号载人飞船的高层科技人员,绝大多数是我国自己培养的博士和硕士。我国恢复研究生招生以来,我国研究生的学术能力在过去较长时间内保持了相当高的水准,学术道德状况总体也是非常好的。

从2002年开始,伴随着我国研究生招生规模的不断扩大,原有的研究生培养模式已经不能完全适应研究生教育迅速发展的需要,研究生学术道德教育面临更多问题和难题,在研究生中出现了各种各样的学术道德失范行为。虽然研究生教育主管部门和具体的培养单位均在强化研究生学术道德教育,但仍存在教育实效性不强的问题,研究生学术道德现状不容乐观。

(1) 学术道德意识总体较为薄弱　部分研究生对学术道德内

涵和学术规范知之不多,认识模糊。对学术道德内涵和学术规范有明确的认识,是形成良好学术道德意识的必备要素,也是研究生应具备的基本科学素养。在最近一次的研究生专题调查中,当被问到是否"清楚学术道德的含义"时,16.1%的研究生明确表示"清楚",54.2%的研究生表示"模糊知道一点",27.8%的研究生明确表示"不清楚"。当被问到"对学术规范和知识产权等方面的法律知识了解多少"时,5.8%的研究生回答"很多",11.8%的研究生回答"较多",57.3%的研究生回答"较少",而25.2%的研究生回答"很少"。显然,研究生对学术规范和知识产权方面的知识了解甚少。

(2) 对学术行为与道德之间的关系缺乏充分认识　　了解研究生对各种违背学术道德行为的看法,基本可以反映出研究生学术道德的意识情况。最近的社会学调查报告设计了一组有关研究生对各种违背学术道德行为看法的问题。当被问到"为了按时顺利毕业,你的同学对实验数据进行篡改或伪造,对此你的态度是",52%的研究生表示不赞同,但也有43.5%的研究生表示"不赞同,但可以理解",还有4.5%的研究生表示"赞同"。当被问到"对于一稿多投只要不造成一稿两发就没有违反学术道德的观点,对此你的态度是",10.3%的研究生表示不赞同,54.3%的研究生表示"不赞同,但可以理解",还有35.4%的研究生表示"赞同"。对这两个问题调查结果所显示的数据令人担忧,尤其是"不赞同,但可以理解"的人数均接近或超过了50%,这表明当前部分研究生在学术行为中较少考虑到学术与学术道德规范存在的内在联系,其学术道德意识亟待提升。

(3) 对学术道德的作用缺乏正确的认识　　学术道德是关乎研究生为人、治学的基本问题,不仅会影响研究生的求学生涯,而且对研究生的人生历程也有重大影响。因此,遵从学术规范、恪守学术道德对研究生来说具有重要意义。部分研究生既然对学术道德规范的知识都了解甚少,对学术道德的作用自然也就无法产生正确认识,许多研究生对此问题还只是停留在简单的认识上——只要是人就应该讲道德,学术上也是如此。至于遵守什么学术道德规范,遵守学术道德规范对学术研究到底有何促进,不遵从学术道德规范又会有什么危害,并没有明确的认识。

(4) 部分研究生的学术道德情感较为脆弱　拥有道德知识只是个体道德行为产生的必要条件,它并不必然导致个体道德行为的产生。个体道德行为产生的动力则是道德情感,它是个体对善的肯定性、较稳定的心理体验,反映了个体积极的道德需要和个体追求善的价值倾向,为人的道德行为提供持续的心理动力。研究生良好的学术道德行为的产生有赖于其有关学术的羞耻感、荣誉感、义务感、良心感和幸福感,积极有力的学术道德情感无疑会对良好学术道德行为产生有力的促进作用。因此,研究生对学术规范认识的肤浅和笼统,只是学术不道德行为产生的原因之一,积极的学术道德情感的缺失也是一个重要因素。

在对研究生学术道德问题的访谈中,社会学研究人员设计了一组有关研究生对各种违背学术道德行为看法的问题。当被问及"有研究生当枪手代写论文赚钱的现象,对此你的态度是",大多数学生表示坚决不赞同,但有少数学生表示"不赞同,但可以理解",还有极个别的学生表示"赞同"。显然,大部分研究生具有比较正确的学术道德情感。这是一种较为朴素的、发自内心的情感反映,但一部分人对明显违反学术道德规范的行为持一种比较宽容的态度,即虽然他们不赞同,但是在现实中有这样的行为存在时,他们仍持宽容和接受的态度。

这种情况在与研究生的深度交流中表现得尤为明显,在面对"你是如何看待研究生们的学术道德行为失范现象的"这一问题时,大多数研究生首先持否定的态度,认为违背学术道德规范的研究行为是不应该的,并主张尽力避免,但越往深处谈,他们对此的态度就越不坚定,特别是在涉及现实利益时,其学术道德情感就表现出一定的脆弱性。有些研究生则以现实生活中各种因素的困扰为理由,陷于情感的焦虑和纠缠,表示对于某些违背学术规范的行为是可以理解的。因此,部分研究生虽有正确的学术道德意识,但面临学术道德选择时,其学术道德情感仍缺乏坚定性,往往因个人学术道德情感的动摇而难以做出正确的选择。

2. 学术失范主要表现形式

研究生违反学术道德的行为时有出现,学术不道德行为的类型呈增多趋势。学术道德意识的薄弱和学术道德情感的脆弱,使一些研究生在复杂的社会道德大环境和问题丛生的学术道德小环境中难辨良莠,再加一些现实的困难和利益的诱惑,研究生违反学术道德的行为时有出现,而且不道德学术行为的类型呈现增多趋势,已经引起人们的高度关注。研究生违反学术道德的行为主要有如下五种。

(1) 学术引文不规范 目前最为常见的研究生学术引文不规范现象主要有两种:抄袭、剽窃他人的学术成果,以人文社科类研究生中较为常见;伪造、篡改实验数据或引用他人数据资料,以理工类研究生中较为常见。抄袭是指照搬他人的文字、观点和材料而不注明引用、出处的行为。在英文文献中人们一般认为连续6个词完全相同视为抄袭。剽窃则是指在著述中将他人的文字、材料、结论和体系巧妙伪装,当成自己的创造,或者受到他人研究的启发而不加说明。

个别研究生在论文写作过程中抄袭和剽窃他人学术成果的现象十分严重,而这部分人通常奉"天下文章一大抄,看你会抄不会抄"这句话为至理名言。他们并不了解抄袭、剽窃他人学术成果的严重性。由于多种原因,有研究生为了早出、快出、多出成果,为了提高论文的价值,在引他人的观点或资料时不注明出处、页码;即使注明出处、页码,但引用过多,占正文的 2/3 以上;也有通过肢解、伪装等手段将他人著作和论文中的观点据为己有。

目前研究生抄袭、剽窃他人研究成果的具体手法多种多样:有的利用网络搜索引擎,用"揉面团"的形式把一些类似的成果收集起来,二次加工,拼凑或改头换面转变成自己的研究成果。这种抄袭方法一改过去的"剪刀加糨糊"的简单办法,比较隐蔽;有的把国外学者的外文成果翻译整理后直接署上自己的名字,就堂而皇之地变成自己的科研成果;有的研究生不去认真研读指定的参考书目,东拼西凑课程的作业或报告,甚至直接从网上下载,稍作改动,应付给老师,充当课程论文。据报道,2002 年上半年,江苏省对研究生毕业论文质量进行了一次抽查,发现文科不少论文没有新鲜观点,理科一些论文缺乏实验数据,论文抄袭之风很严重。

研究生扩招之后论文的剽窃现象日趋严重。既有 2009 年闹得沸沸扬扬的直接用替换键就搞定的"史上最牛硕士论文",也有除致谢外一字不差的硕士论文。还有众多重点、名牌高校学位论文被指抄袭、剽窃,甚至有人因此而被取消、追回所授学位。伪造、篡改数据之所以较多出现在理工类研究生中,是因为理工类的研究课题常常需要实验数据,而做实验的时间一般都比较长,于是个别缺乏吃苦耐劳精神的研究生,不愿花较多的时间做深入细致的研究,不甘于做一些枯燥乏味的实验或调研。于是,他们就"抄近路、走捷径",弄虚作假,篡改、伪造实验数据,以便"得出"理想的实验结果。

黄禹锡是韩国国宝级人物,在韩国科研界具有非常重要的地位。在世界生命科学领域,黄禹锡也是具有重大影响的"巨星"。2004 年,黄禹锡在《科学》杂志上最早报道从人类胚胎中提取了干细胞;2005 年他在英国著名学术期刊《自然》发表"克隆狗"成果;然后,又在美国《科学》杂志上宣布,克隆培育出了11个胚胎干细胞系。黄禹锡的这一系列"令人震惊"的"成果",不仅使他获得了"韩国克隆之父"和"最高级科学家"的美誉,而且成为"民族英雄"。然而,好景不长,对黄禹锡论文的质疑,引起各界对"黄禹锡神话"的怀疑。

首尔大学调查委员会的调查报告书认定,黄禹锡在2005年《科学》杂志上发表论文中的干细胞数据是伪造的,伪造数据包括DNA指纹分析、畸胎瘤和胚胎照片、组织适合性、血型分析等。报告书显示,该论文宣称用患者体细胞克隆出的与患者基因吻合的11种特制型胚胎干细胞也不存在。报告书还揪出另一个造假内幕。黄禹锡科研组2004年发表在《科学》杂志上的关于用体细胞核置换方法培育干细胞的论文相关数据亦为编造。黄禹锡在造假事发后曾称掌握了干细胞核心技术,只是由于管理不善才导致干细胞损坏,他的这一辩解在最终调查报告书中也被否定。调查委员会指出,这不是一起单纯的事件,而是蓄意造假的重大事件,损害了科学的基础——真实性。

科学神童亨德里克·舍恩(Jan Hendrik Schon)是德国人,1997年获得德国Konstanz大学博士,1998年开始在美国贝尔实验室工作。他研究的领域是凝聚态物理和纳米技术,曾被认为是耀眼的新星,很有希望角逐诺贝尔奖。他曾发表多篇论文,声称研制成了几种分子纳米晶体管。后来发现,在25篇论文中存在伪造数据。2001年10月他与20名科学家联合发表了内容为"成功制成分子水平的半导体"论文,引起学术界和工业界高度关注。如果舍恩的研究是正确的,晶体管和集成电路的体积就可望大大缩小,这对半导体物理、集成电路和计算机制造具有革命性意义。2001年,舍恩获得物理Braunschweig奖、Otto-Klung-Webrbank奖和杰出青年奖。

舍恩的研究受到了全世界科学家的关注,很多实验室按照舍恩的论文实验,但却都未能重复出舍恩发表的实验结果。不久,物理界人士开始怀疑其论文有假。美国加州大学伯克利分校的 L·索恩教授发现,论文中两个不同的实验竟然得出相同的数据。随后,贝尔实验室开始重视这一事件,并组成调查组。调查结果显示,24 项造假传闻中有 16 项被证实确有造假,特别是"成功制成分子水平的半导体"的论文"完全属于捏造"。调查组还公布了舍恩的其他学术不端行为,如篡改数据、销毁实验记录、损坏或丢弃实验设备等,故意让别人无法重复他的实验。调查报告发布后,贝尔实验室立即中止与舍恩的雇佣关系。2002 年 10 月《科学》宣布撤销舍恩的 8 篇论文,2003 年 3 月《自然》撤消了他的 7 篇论文。2004 年 6 月德国 Konstanz 大学取消舍恩的博士学位。

(2)"搭车"署名或请人代写文章　有些研究生临近毕业时还没有完成学校规定的论文发表数量,为了按时毕业,就走一些"旁门左道"。一种解决办法是求助导师或同学,在未参与任何研究创作的情况下搭"便车",在他人的成果上挂名就算完成任务。当研究生自身完成的论文水平不高、难以被相关期刊采用时,往往会挂上导师或其他名气较大的学者,利用导师或名人的名气来提高文章的接收率。

　　贺某是浙江大学药学院的博士后,后来留校任教。吴某是教研室的学科主任。李院士是中药方面的专家,被聘到浙江大学做兼职院长。以贺某为主要作者发表的多篇论文中,李院士都是共同作者。这些论文被举报有严重的造假嫌疑,于是浙江大学组织调查,发现这些论文确实存在严重的抄袭和造假。贺某作为第一作者的 8 篇论文,不同程度地剽窃和抄袭原来博士生导师的实验数据。另外,上述论文还存在一稿两投、图表数据张冠李戴、重复发表、标注基金失范等一系列不当行为。贺某因此被浙江大学开除。他的合作导师吴某也被解除了聘用合同。比较复杂的是李院士,如何处理有点难以界定。浙江大学认为,虽然根据所有相关人员的陈述、笔迹鉴定和目前掌握的其他材料,李院士是在不知情的情况下被贺某署名,没有证据证明李院士参与了论文造假、剽窃和抄袭等行为。但是,李作为院长和合作导师,对事件负有疏于管理、教育不力、监管督察不严的责任。因此,在李院士任期结束后,学校就不再续聘。这对一位老院士精神上的伤害是非常大的。

(3) 请人代写学位论文或学术论文、提供虚假论文发表证明 类似的信息还常在互联网上和校园广告中出现,说明代写论文仍然有一定的市场。有些研究生则为了眼前的物质利益而甘愿代他人写论文。据调查,"假如有人提出给您3 000元的报酬,您是否愿替他人完成一篇论文",回答不愿意、愿意、不知道的分别占66.5%、13.2%和20.3%,说明还是有相当一部分研究生在学术上禁不住金钱的诱惑。

(4) 拼凑论文、低水平重复等学风浮躁的现象也经常发生 一方面,由于目前学业和就业的压力较大,许多研究生在学习期间缺乏长期、系统的学术规划,既没有系统地完成学习计划,也没有深入地进行相关研究,需要交课程论文或学位论文的时候,就在短期内突击,结果只能是抄袭、拼凑。即便是独立完成的成果,也会因为缺乏时间和精力的投入,无法严密地思考和论证。学术规范往往被抛之脑后,甚至最基本的语法错误和错别字也充斥于论文的字里行间。这样的学术成果也就变成了学术垃圾,不仅没有任何学术价值,还浪费了宝贵的学术资源和个人的时间、精力。另一方面,很多研究生仅仅把读研究生当作改变自身命运的桥梁和手段,并非为了提高自身学术素养,也就少有服务社会的历史使命感和社会责任感。部分研究生一心所想的只是毕业后找到一份理想的工作,取得更高的经济收入和事业上的成功。在这一急功近利思想的支配下,他们在学业上缺乏刻苦学习的动力。为了应付繁重的学业任务,不惜动用各种违背学术道德规范的手段,包括伪造调查数据,直接和间接地抄袭,如通过网络搜索下载复制、隐匿成果参考来源、缺乏严密论证、草率阐述等。如此完成的论文通常论题很大,论述长篇累牍、问题分析空泛、不具有可操作性、脱离实际、解决实际问题的建议很少。

(5) 一稿多投　这种现象现在相对比较少了,在十几年前发生过多起,有些甚至在学术界产生了重大的负面影响。一些研究生在投稿过程中未能遵从学术成果发表的基本要求,反而认为一稿多投能提高效益,节省时间。一方面,他们将同一篇稿件投往可能被录用的各种学术刊物,以期大面积撒网,重点收获。另一方面,他们将同一篇学术论文略加改头换面又拼凑成新的论文,投给不同的期刊。更有甚者,把相同的数据用不同的排列组合或不同的表现方式变成多篇论文,巧妙伪装后投稿。或是把中文发表的论文再翻译成英文去发表。这样不但给相关学术期刊制造了麻烦,容易引起知识产权方面的纠纷,也会使自身在学术研究的起步阶段误入歧途,严重影响学术研究的正常开展和个人的长期发展。

3. 学术规范的主要表现

在研究生学术道德培养方面,导师始终扮演着重要角色。2009年,教育部明确提出"要进一步强化和完善导师负责制。指导教师要对研究生培养全过程负有指导责任,并在研究生的思想教育、科学道德等方面负有引导、示范和监督责任"。导师是研究生学术道德培养的第一责任人,因此导师是学生了解学术道德和学术规范知识的核心来源,也是大家规范开展科学研究的重要保障。

大家要充分利用好导师这个资源,要充分意识到与导师的交流过程,既是知识积累和学习验证的过程,也是接受学术道德熏陶和提升学术道德素养的过程。

在与导师或者其他资深学者交流和学习的过程中,首先需要遵循实事求是、坚持真理的基本道德规范。当有人指责亚里士多德的某些观点背离了其老师柏拉图的学说时,他这样回答:吾爱吾师,吾更爱真理。追求真理是学术交流的核心价值。其次要尊重导师,虚心学习。当与导师的学术观点、立场和学术风格有所不同,与自身的认识和期望不尽一致时,首先应该尊重导师,采取策略,客观地讨论。研究生在与导师交往中,不仅要虚心,更要树立积极的心态,主动获取知识和科研技能。研究生学习作为一种创造性学习,需要在对基础知识和前沿方向了解的基础上,形成独立的分析问题、发现问题、解决问题的能力。比如,能够根据选定的课题迅速查阅相关资料,找出解决问题的合适路径,并能简洁规范地表达结论。最后,要批判继承,合理怀疑。科学的发展和进步离不开继承。但是,对科学研究而言,继承只是其中的一个环节,科学的发展和进步更需要不断地怀疑与创新。科学进步源于怀疑,不怀疑就不能产生新课题,就不能创造新知和接近真理。

另一方面的学术道德和学术规范,主要牵涉到如何处置被研究对象。在研究活动过程中,虽然研究者是主体,研究对象是客体,但研究者并没有凌驾于研究对象之上,不具有任意处置研究对象的特权,尤其是研究对象涉及生命体时,就更是如此。研究者要**敬畏、尊重研究对象**,正确处理与研究对象之间的道德关系,遵守其中应有的学术道德规范。

对于非生命的存在,要力求节约,尽量保持原样,尊重其客观存在。对于植物等较低级的生命,应维护生态平衡。研究生在研究过程中,应**树立生态伦理的研究观**,不仅要将道德关怀从社会延伸到非人的自然存在物或自然环境,更要把人与自然的关系确立为一种道德关系,爱护自然,遵循自然界的规律,承担起应有的道德责任。

对于动物等较高等级的生命,应**善待个体生命**。生命科学等相关专业的研究生进行动物实验是科学研究中必须采用的手段,对生物医学的发展起着十分重要的作用。但是,随着社会的发展、科技的进步和人类道德水准的提高,动物实验伦理问题逐渐引起了人们广泛的关注。因此,研究生在从事与动物有关的学术研究活动时要坚持**动物人道主义**,遵循不伤害原则,善待活体动物,减少实验过程中动物的痛苦和死亡率。目前,政府和科研机构通过设置动物伦理委员会等方式,定期审查相关的实验动物福利情况,并在科研人员发表文章时要求出具动物福利报告,要求研究人员善待个体生命。

当人作为研究对象时,应给予最大的尊重,确保其尊严。我们是研究者,同时我们自身也可以成为被研究的对象。当人成为科学的对象时,其底线是无伤害,在此基础上还要求研究者给予其最高的尊重和尊严。康德提出了只能把人当作目的而绝不能当做手段的思想:"人是一个可尊敬的对象,这就表示我们不能随便对待他。"

在跨文化研究中,还要**尊重文化的差异**。在全球一体化时代,跨文化研究成为人文社会科学研究中的常见方式。文化的差异作为一种客观存在,要求研究者在承认差异的基础上,客观地对待和尊重这种差异,才能获得研究的成功。

科研活动离不开观察、实验和数据的搜集、整理,尤其是应用类学科的研究更是如此。因此,观察实验结果的客观性,确保数据资料搜集、整理的准确性,直接关系到学术成果的质量和水平,这也是学术活动不端行为经常发生的环节。主要表现为,不实事求是地观察;不认真做实验;不准确调查获取相关数据,而是通过捏造事实、编造数据、篡改数据来完成所谓的研究工作,最终只能产生虚假科研成果。所以,客观真实、精益求精是在观察、调查、实验以及搜集、整理相关数据资料中的基本学术道德规范。

4. 如何遵守学术规范

关于研究生伪造和修改实验数据的问题有过专门调查,其中一项调查是:"在学位论文的实验中,因实验紧迫,修改一下实验数据可以拿到学位,而按事实可能拿不到学位,你想改还是不改?"结果是,回答想改动的人数占总人数33%。从上述调查结果不难看出,在研究生科研活动过程中,还存在一定程度伪造、修改实验数据的现象。这种严重违背学术道德规范的行为,明显与国家把研究生培养成高素质创新型人才的目标格格不入。研究生学习阶段应接受严格的学术训练,才能为以后从事学术研究奠定良好的基础,因此研究生学习期间是养成其良好学术道德的关键时期。研究生阶段的重要任务是学习如何从事学术研究活动,并在其中得到良好的学术训练,观察、调查、实验以及搜集、整理相关数据、资料,是学术研究活动不可或缺的基础。在这一过程中必须做到精益求精,实事求是,严谨认真,谨防失误,杜绝欺骗。只有做到严格遵守学术道德规范,才能培育良好的科学精神。

第一,客观真实、精益求精是科学精神的具体体现。科学知识区别于其他知识,就在于它与客观事实的符合性,在于它的可实证性。科学知识的获得依靠科学精神的指导,科学精神作为人们在科学研究活动中所形成的世界观和价值观,是在科学家群体行为中所体现出的一种理想追求和精神气质。科研数据和相关资料作为科学研究的基础,它既是跟踪和吸收世界最新成就和学术方法,了解学科前沿动向的重要手段,又是自身独立研究的结果表达。这些数据和资料必须做到客观真实、准确无误,在此基础上才能形成科学知识。在科学研究过程中,从项目的确定、实施、观测实验、理论分析,到科研成果的形成与验证,数据信息贯穿着整个研究工作的始终。所以,研究生不仅要有获取所需特定数据信息的能力,而且还要具备甄别、选择、利用数据信息的能力,在此过程中应当自觉遵守科研数据信息的收集、存储与使用规范。

第二,客观真实、精益求精是有效观察、调查、实验,获得准确数据材料的必然要求。无论是学习还是从事学术研究活动,都属于科学活动的范围,所以,研究生无论在学习中还是在从事学术研究活动过程中,都应具有基本的科学精神。在研究活动中,尤其是在观察、调查、实验时,必须做到客观真实。所得到的数据,是获取科学结论的基石,要想获得科学、客观、可靠的结论,就必须尊重事实,不得夸大、缩小或伪造材料或数据。

第三,客观真实、精益求精是从事观察、调查、实验,获得数据材料过程中的具体表现。研究生在收集数据信息时,应遵循的原则是:

(1) 要保证数据信息收集的客观性。

(2) 根据不同方案所得的试验或观测的结果,或者依据同一方案所作的不同试验或观测所得的结果应作充分比较,然后方可决定取舍。

(3) 对于试验或观测中出现的前后有偏差甚至自相矛盾的数据信息,在未考证核实以前,切忌主观武断,不可凭空任意选择。

(4) 要以研究者实践所得的第一手材料为基础,同时大量吸收前人的科研成果和经验,并做到勤于收集、长期积累、系统整理和善于利用,这对于研究生顺利走上学术之路有着重要作用。

借鉴和使用他人的研究成果是必然的。因此,如何规范地使用他人学术成果就成为一个重要的学术道德问题。学术发展是一个不断积累的长期过程,学术研究的价值体现在是否有所创新。学术研究的积累性决定了所有研究活动必须建立在前人已有研究资料和研究成果的基础之上,所有的创新都是在继承和吸收前人研究基础上的创新。对已有研究资料和研究成果的继承和吸收,反映在研究活动过程中对他人研究成果和研究材料的借鉴和引用。可能是因为自身对如何使用他人学术成果规范的学习和了解不够,或者是受学界一些学术腐败事件和社会不良风气的影响,在公布和发表研究成果时,经常会发生对已有学术成果的引用不当和注释不当现象,更有甚者故意抄袭他人的研究成果、不加说明、据为己有。因此,必须深刻地认识到学术成果引用和学术成果注释规范的重要意义,严格和自觉遵守学术成果引用和学术成果注释中的道德规范要求。

学术研究成果的发表、推介和应用是实现学术研究成果在学术共同体内外交流的主要方式。它使研究成果从少数人的知晓扩大到整个学术共同体和社会的评价,显示出该项研究所做的新贡献和在相关学术研究进程中占有的优先地位,同时也能够使该项研究成果被进一步质疑和修正并不断得以完善。学术成果的发表和推介以学术论文为主,也有专利的申请、应用成果的推广等。

一方面是学术期刊和相关期刊不断扩容,所发表学术论文的绝对数量不断增长,一定程度促进了学术研究的繁荣和发展;另一方面是需要发表的学术论文的数量仍在急剧增加,有限的期刊仍然不能满足学术论文发表的需要,学术论文发表过程中的"拥挤"现象促发了学术不端行为的不断增加。研究生的学术研究活动刚刚起步,所取得的学术成果学术价值含量有限,竞争力不强,而许多培养单位对发表论文的数量又制定了较高标准,这些要求甚至与研究生能否参加毕业论文答辩、能否拿到学位直接挂钩。有些在读研究生在社会不良学术风气的影响下,为了完成发表学术论文的定量化考核标准,再加上需要应对沉重的就业压力,作为其学术研究成果发表和推介主要方式的学术论文发表,就存在着多种隐忧。一些违背学术道德规范的事情时有发生,如不正确署名、一稿两投或多投等。许多研究生有过一稿多投的经历,并且对此不以为然,他们的理由是期刊审稿周期较长,为了完成任务,只要不出现一稿两发或多发的现象,不引起知识产权纠纷就不为过。因此,研究生学术研究成果的发表、推介和应用不仅是一个学术规范问题,还要上升到自觉的道德认识,在学术规范的基础上形成具有广泛约束力的学术道德规范。

(1) 合理承担责任和分享荣誉,正确署名　一项研究成果有时由个人来完成。有时则是两人或两人以上合作完成,尤其是在提倡团队合作和联合攻关的今天,一项研究成果往往由多人合作完成。如何做到正确署名,应该成为研究生必须了解和遵守的重要学术道德规范。

(2) 诚挚致谢　研究生在学习过程,尤其是在从事学术研究活动的初级阶段,不仅要接受导师在学术上的指导、同学的帮助,借鉴他人先期的研究成果,还要受到学术研究活动之外的许多帮助,诚挚感谢必不可少。致谢须注意:致谢对象是对论文提出过建议和帮助的个人和机构,应指出被感谢者所提供帮助的具体内容和帮助所产生的效果,先是学术方面的,再是其他方面的,但要和论文的完成相关;致谢前一般应征得被感谢者的同意;避免不切实际的肉麻式吹嘘,对导师、同学所提供的帮助应该实事求是地做出评价;不能想方设法地与名家、名人拉关系,借名家、名人的光辉包装自己的论文。

研究生在投稿时除了要遵循期刊社或出版社的一般性规范以外,还应当遵守以下四个方面的学术道德规范。一是保证所投稿件的唯一性,没有一稿两投或一稿多投行为。二是保证所投稿件版权的独立性,无抄袭内容,无署名排序争议,且未在其他刊物上公开发表过。三是保证所投稿件内容的安全性,其中不得出现任何危害国家安全、泄露国家秘密、损害国家荣誉和利益,以及其他法律制度不允许的内容。四是保证研究成果的真实可靠性和所投稿件的质量,不能将同一项研究成果以各种名义和形式反复投稿件;将完整的内容拆分投稿,片面追求论文数量的增加;为了追求优先权的获得,不负责任地将明显不成熟的成果予以投稿;或以不当手段抢先公布。

因为只有自觉学习和遵守每一个写作步骤的学术规范,才能养成遵守学术道德规范的习惯,顺利完成学位论文的撰写,切实提升自身的学术研究水平。这里先侧重介绍学位论文与学术道德相关的内容,其他方面信息在后面学位论文写作的章节中还会详细介绍。

(1) 学位论文题目拟定的学术道德规范　学位论文的题目是对其主要内容和中心思想的高度概况,是以最恰当、最简明的词语来反映论文最重要特定内容的逻辑组合。文章题目十分重要,是一本著作或一篇论文给出的所做研究工作的第一个重要信息,是读者认识全部论著的窗口,也是对论著主要内容和中心思想的高度概括。题目拟定的前提不仅要选择有价值、有意义的学术问题,而且应体现对他人已有学术成果的尊重。因此,在拟定题目时,要选择有利于社会经济发展、科学进步促进人类文明进步的问题。同时,应体现出对已有学术成就的承认和继承,做到语言优美。研究生在论文写作时选题要做到以下三点。

第一,学位论文题目要准确。学位论文的题目要准确反映论文的主要内容,其外延和内涵恰如其分。

第二,学位论文题目要精练。学位论文的题目要求简明扼要、文字简练。如果对特定内容描述过多,造成题目过长不易认读。使用非公认的缩略词或字符代号,会给读者造成阅读困难。因此,为了题目的精练,要做到反复思考,准确表达。

第三,学位论文题目要醒目。学位论文的题目不仅要准确得体、简短精练,而且要醒目,有利于他人的阅读,对读者产生吸引力。读者一看到题目就对该文章表现出深厚的兴趣,这样也会有利于成果的发表与传播。题目的准确、精练、醒目需要反复推敲,并注意用词的美感。须注意的是,不能对题目进行过度包装,片面追求语言表达的华丽。学位论文的题目要使用能反映论文主题内容的短语,不使用有主、谓、宾结构的完整语句。从题目所概括的内容来看,更不应借助华丽的辞藻将其故意拔高或将预期的结果扩大。

(2) **学位论文的摘要写作的学术道德规范** 论文摘要又称概要、内容提要,它是以提供文献内容梗概为目的,不加评论和补充解释,简明、确切地记述文献重要内容的短文。其基本要素包括研究目的、方法、结果和结论等。具体来说,摘要的主要内容包括:研究的主要对象和范围,采用的手段和方法,得出的结果和重要结论,有时也包括具有重要价值的其他重要信息。因此,写作概要的基本学术道德规范是,实事求是地概括文章的主要内容,不能夸大其词。为了能准确地反映论文内容,使读者易于理解和接受,在写作论文摘要过程中,应注意以下四个技术要点:一是摘要中应着重反映研究中的创新内容和作者的独到观点,应排除本学科领域已成为常识的内容,切忌把应在引言中出现的内容写入摘要,一般也不要对论文内容作诠释和评论,不得简单重复题目中已经有的信息。二是摘要结构严谨、表达简明、语义确切、逻辑顺序合理,文字应简明扼要,内容应充分概括。三是摘要用词要规范,应避免复杂的公式、结构式和非通用的符号、缩略词、生偏词等。新术语或尚无合适的中文术语应该用原文或译出后加括号注明原文。缩略语、代号在首次出现必须加以说明。四是摘要中一般用第三人称。

(3) **学位论文关键词选择和写作的学术道德规范** 关键词是为了满足文献标引或检索工作的需要而从论文中萃取出来的,表示全文主题内容信息条目的单词、词组或术语。关键词是科技论著的文献检索标志,要能够准确反映论文的核心点,切忌草率随意,应谨慎选择,从而有利于读者快速了解论文主要方向。关键词通常包括主题词和自由词两个部分。主题词是专门为文献的标引或检索而从自然语言的主要词汇中挑选出来并加以规范化的词或词组;自由词则是未规范化的即还未收入主题词表中的词或词组。

一般来说,每篇学位论文中应列出 3~8 个关键词,它们应能反映论文的主题内容。其中,主题词应尽可能多一些。那些确能反映论文的主题内容但主题词表达还未收入的词或词组可以作为自由词列出,以补充关键词的不足,更好地表达论文的主题内容。关键词一般应列于摘要段之后。中英文关键词要相对应,分别排在摘要后,另起一段。关键词之间,相互空一格书写,不加标点符号。外文字符除专有名词的字首大写外,其余均为小写。

(4) 学位论文正文的写作学术道德规范　　正文是学位论文的本论,属于学位论文的主体,它占据论文的最大篇幅。学位论文所体现的创造性工作或新的研究结果,都将在这一部分得到充分的反映。因此,研究生在写作正文时的学术道德要求是,主题明确、论据可靠、论证有力、内容充分、力求语言优美,切忌使用语言暴力。

5. 违背学术规范的严重后果

每个学校都有相应的学术问责机制。当研究生发生学术失范时,会启动相应的程序。一般来说,如果是自己发现存在学术失范行为,并由自己提出,或者别人直接联系本人,本人主动改正,则不会上升到学校层面。当别人直接向学校学术委员会检举时,则首先会由院系学术委员会讨论成立处理小组调查,形成初步结论,然后交由学校学术委员会裁决,做出支持或撤销的决定,并基于此对当事人进行相关的处理。

(1) 学术不端行为分类　　学术不端行为分为六种类型、12 种表现:

类型一:抄袭、剽窃他人学术成果。

类型二:篡改或者伪造数据、实验、图表,捏造事实。

类型三:未参加研究或创作,在他人学术成果上署名;或者未经他人许可,不当使用他人署名。

类型四:提供虚假信息,或者伪造注释。

类型五:由他人代写或者代替他人撰写学术(学位)论文及其他学术成果。

类型六:其他学术不端行为:

① 在各类项目评审、同行评议、成果审阅、决策咨询、技术转移、奖项评定等活动中,由于直接、间接或潜在的利益冲突而做出违背客观、准确、公正的评价。

② 以学术团体、专家名义在商业广告中做虚假宣传。

(2) 学术失范面临的处理   学术规范委员会将认定报告送达监察、人事、学生管理、科研管理、教学管理、学位评定或档案管理等相关部门,以及被调查人所在单位。各相关部门和被调查人所在单位收到学术不端或学术不当行为认定报告后,应当及时按照有关规定,处理或者建议学校对学术违规行为责任人做出如下处理:通报批评;终止或者撤销相关的科研项目,并在一定期限内取消申请资格;撤销学术奖励或者荣誉称号;辞退或解聘;法律、法规及规章规定的其他处理措施。同时,可以依照有关规定,给予警告、记过、降低岗位等级或者撤职、开除等处分。

学术违规行为责任人获得有关部门、机构设立的科研项目、学术奖励或者荣誉称号等利益的,各相关部门应同时向有关上级主管部门提出处理建议。若受到查处的学术不端行为已构成违法的,移送司法机关。

对涉及学生有学术违规行为的,应当按照学生管理的相关规定,给予相应的学籍处分。

学术违规行为与获得学位有直接关联的,对学生由校学位评定委员会做出暂缓授予学位、不授予学位或者依法撤销学位等处理;对其指导教师可以依照有关规定,给予相应的处理,并由校学位评定委员会公布处理决定。

对涉及学校在职教职工、博士后研究人员学术违规行为,在校长办公会议做出处分决定后,由校人事处公布处分决定。

对学术违规行为做出处理决定,应制作处理决定书,载明以下内容:责任人的基本情况、经查证的学术违规行为事实、处理意见和依据、补救途径和期限、其他必要内容。

受学校行政处分的处理决定书,应当归入学术违规行为责任人的人事档案。

经调查认定,不构成学术违规行为的,根据被举报人申请,有关部门应当通过一定方式为其消除影响、恢复名誉等。调查处理过程中,发现举报人存在捏造事实、诬告陷害等行为的,应认定为举报不实或者虚假举报,举报人应承担相应责任。属于本校人员的,有关部门应当按照规定给予严肃处理;不属于本校人员的,应通报其所在单位,并提出处理建议。

学术违规行为责任人对处理决定不服的,可以在收到处理决定之日起 30 日内,以书面形式向学校纪委监察处提出异议或者复核申请。异议或者复核不影响处理决定的执行。

学校纪委监察处收到异议或者复核申请后,交由校学术委员会进行审议,于 15 日内做出是否受理的决定。决定受理的,校学术委员会另行组织复核合议组进行复核;决定不予受理的,应通知异议申请人。

复核合议组完成评议后,应当根据评议决定做成复核报告,按照下列情形,分别处理:

(1) 认定事实清楚,适用规定正确的认定报告,驳回复核申请,维持认定结论。

(2) 认定事实错误或者适用规定错误的认定报告,撤销或者变更认定结论。

第十二章 学位论文与答辩

> There is no happiness except in the realization that we have accomplished something.
>
> ——Henry Ford

一、学位论文

学位论文是高等学校、科研机构的毕业生为获得各级学位所撰写的学术研究性论文,是研究生的代表作。它是研究生综合素质培养全过程的概括与总结,是培养研究生的重要环节,集中反映了一名研究生的基础理论和专业知识的扎实性、系统性,反映了学生在本门学科中掌握知识的深度和广度,也反映了学生灵活运用基础理论知识解决实际问题的能力和基本实验技能。学位论文是证明研究生学业是否合格以及能否授予学位的主要依据,因此写好研究生学位论文至关重要。

学位论文需满足三个标准。

第一个标准,就是原创性。例如,在学位论文的摘要中写了这样的句子"通过设计缠绕结构,提出并实现了纤维状的钙钛矿太阳能电池,显示了不同于传统平面状钙钛矿太阳能电池的独特性能",并且确实做到了,那么论文的原创性就清晰地显示出来了。

第二个标准,就是对人类知识做出贡献。例如,"本学位研究工作发现,当碳纳米管形成连续和高度取向的纤维材料后,显示了良好的生物相容性",这样的工作扩展了人们对碳纳米管的认识,自然对人类知识做出了贡献。上述两方面成绩,必须在学位论文的相关章节中清晰地体现出来,证明结论有足够事实支持。

第三个标准,就是学位论文达到了毕业的基本要求。这不是从学位论文的某个局部体现出来,而是体现在每个细节里,即必须按照学术规范,专业地完成学位论文的写作。比如,图表组织是否简洁明了,漂亮美观;排版是否统一整齐;语言是否书面化,是否有语法错误;参考文献引用是否准确到位。所有这些因素,构成了评审人对学位论文水平的总体判断。当然,在学位论文的最后,总结列出已经在学术期刊上发表的研究论文,以此暗示研究水平达到了较高的标准,往往会给评审人留下正面的印象。

1. 学位论文写作基本要领

《中华人民共和国学位条例暂行实施办法》对于学位论文有以下定义:

(1) 学士论文 表明作者较好地掌握了本门学科的基础理论、专门知识和基础技能,并具有从事科学研究工作或承担专门技术工作的初步能力。

(2) 硕士论文 表明作者在本门学科上掌握了坚实的基础理论和系统的专业知识,对所研究课题有新的见解,并具有从事科学研究工作或独立承担专门技术工作的能力。

(3) 博士论文 表明作者在本门学科上掌握了坚实宽广的基础理论和系统深入的专业知识,在科学和专门技术上做出了创造性的成果,并具有从事创新科学研究工作或独立承担专门技术开发工作的能力。

很明显,从学士、硕士到博士,对申请人的学术水平要求依次递增。一般来说,与硕士相比,博士对申请人的创造性和独立工作能力提出了更高要求。严格来说,博士论文与硕士论文没有本质区别。一篇好的硕士论文,可能胜于一篇平凡的博士论文。

论文写作的要领包括结构规范合理,数据真实可信;表达准确精练,推理逻辑严密;科学概念正确,论述层次清楚;文字通顺流畅,语法修辞考究。科技论文具有很强的专业性,不同于一般通俗文章,但起码要使同行及交叉学科人员容易读懂。写作时必须设身处地为读者考虑,尽力提高其可读性与吸引力。

学位论文是一类特殊的科技论文。除应遵从科技论文的一般原则外,还有其自身的特点:学位论文是供专家审阅和同行参考的学术著作,应注意文字精练、重点突出,避免重复专业人员和本专业学生共知的常识性的内容。还应注意构筑论文各章节之间的有机联系,形成结构严密的整体。

与一般文章相比,学位论文在科学性上要求更严格。在文章结构、文体、术语、计量单位、图表格式、文献引用等方面均须遵从公认的规范。不同于散文、新闻报道和报告文学,学位论文的"生动"主要是借助合理的文章结构、精辟的论述(尽可能做到深入浅出),和简洁、通顺流畅的行文,以及图文并茂的形式来增强可读性。学位论文切忌口语化,形容词不宜过多,要尽量避免使用文学性的、带感情色彩的非科技词语。

学位论文作为科技档案资料将被永久保存,对本研究室、本单位研究工作有承前启后作用,因此有特别的要求:文献评述要较为详尽;研究方法与结果要详细交待;对实验结果要作深入的讨论分析,理学学位论文应有较高的理论性。

虽然在研究生培养内容和环节方面已经做了大量改革,但对于学位论文缺少足够的重视和有效的规范,仍然存在诸多问题。比如,绝大部分高校包括国内著名重点大学的写作指南停留在对字体、字号,或对学位论文要素和结构的规定上,很少涉及对学位论文目的和内容的定义与指导,结合学科特点予以细化的就更少了,所以大部分学位论文的写作指南只有寥寥几页。一般对字数有硬性要求,规定不少于多少字,如复旦大学规定文科博士不少于10万字,硕士不少于3万字。然而,国外一般规定不多于多少字或给定一个范围,如牛津大学规定哲学博士不超过5万字,理学硕士不超过3万字;哈佛大学规定论文长度在300~500页之间,不超过600页。国内存在摘要越长越好的误区(500字左右比较合适),而国外对论文摘要有严格长度限制(如牛津大学规定不超过300字)。

2. 学位论文的结构和格式

目前国内绝大多数高校对学位论文的结构都有严格要求,比较固定,主要内容也比较相似,一般包括以下14个部分:

> 封面(中文题目、专业、作者和导师姓名)
> 英文(内)封面
> 关于论文使用授权的说明
> 中文摘要
> 英文摘要
> 目录
> *主要符号表
> 引言(可列为第一章)
> 正文(理论分析、实验或计算方法、结果讨论)

> 结论
> 参考文献
> 致谢*(限200字)及独创性声明
> *附录
> 个人简历、在学期间的研究成果及发表的论文
>
> 注：*代表非必要部分。

3. 论文各部分写作要点

（1）**题目**　学位论文题目应画龙点睛地概括论文的最主要内容。具体、切题、恰当、简明、引人注目，长度最好不超过20字，让人一口气能读完，容易理解。命题易犯的毛病是虚、大、空。不宜用一个大领域或学科分支的名称作为学位论文题目，例如纳米材料的物理化学研究、磷的生命化学研究、摩擦化学机理研究、非电解质溶液的热力学研究等。可选用聚合物的溶解性研究、聚氯三氟乙烯的溶解热力学问题、聚氯三氟乙烯与有机溶剂间相平衡的温度效应、关于在加温下聚氯三氟乙烯与邻苯二甲酸二丁酯和一氯二氟乙烯等溶剂之间的相平衡研究。其中，第三个题目简明扼要，且切题，显然最为得体。

（2）**摘要**　摘要要求语言精炼、简明扼要，限500字以内，并尽量排版成一个页面。摘要是全文的缩影，应能独立使用。一般应概括以下内容：

> 研究目的（课题背景和重要性）
> 关键的研究方法

主要研究成果(创新见解)和结论
成果的应用前景或理论意义

摘要结尾另起一行标出 3~5 个关键词。撰写摘要须注意以下事项:

① 使用标准术语,尽量避免非通用缩写名词,因为摘要的读者面比正文更广。

② 摘要(包括后面的结论部分)对专家撰写评阅意见有重要参考作用。作者应对成果的创新性和价值做出准确而又含蓄的自我评价,要实事求是,不能夸大。

③ 摘要应在正文完成后撰写,须认真下功夫。

(3) 英文摘要(Abstract)　英文摘要内容基本与中文摘要相同,但不要逐字逐句直译,要按英文科技论文摘要通用格式和英语习惯,重新组织段落和语句。英文摘要存在的普遍问题是句型及语法错误较多、中文味浓,甚至让人啼笑皆非,比如某文科专业把"先进性教育"翻译成"advanced sex education"。提高技巧的一个重要途径是模仿好的范文,主要是英语国家作者写的论文(摘要),不要自行创造句型(几乎百分百是错的),并在句型及语法正确的前提下改善修辞。

关于英文科技论文的人称,有以下两种主张:

① 传统式:避免使用第一人称。优点包括突出叙述和推理的客观性,避免"I think""we found"等引入的主观色彩。不足之处在于被动语态过多会减轻文章的力量。如"Suitable starting materials not being at hand, it was decided that ..."句子显得迂回曲折、矫揉造作。

② 混合式:第一、三人称同时使用。优点是文章读起来亲切、

自然、直截了当,避免语句冗长、笨拙,可以有力强调文章的重点。要注意,如果第一人称使用不当,易引入感情色彩;用于某些叙述客观规律或结论的语句,会削弱立论客观性和说服力。

目前国内外的科技论文的正文部分,两种方式都可以使用。但运用第一人称主语时应予以更多推敲,且出现次数不宜过多。摘要强调介绍论文内容时的客观性,一般不应采用第一人称作主语。

在语法和句型方面,要注意时态呼应和语态的协调,分清 Dissertation、Thesis 与 Paper 的区别。英文中极少用"本文介绍……"之类的句型,宜用"Studies have/A study has/ been made on ..."。

(4) 目录 中国学者自古代开始都特别重视图书目录之学对读书和研究学问的指导作用。清代王鸣盛曾经说过"目录之学,学中第一紧要事。必从此问途,方能得其门而入",即认为研究学问,借助图书目录的检索,去研究蕴藏于图书典籍中无限丰富的文化知识。勤奋学习的同时要讲究学习方法和工具的应用,有效利用目录来指引读书,可以收到事半功倍的效果。条理清晰、简洁扼要的目录是提高阅读效率的一个关键环节。但是,在自然科学领域里,关于目录对学位论文的重要作用,中外皆鲜有研究和介绍,导师和研究生也很少花时间去提高,目录往往沦为主要条目和章节的罗列,可读性非常低。

目录是学位论文的索引和提纲,一般由论文各部分的大小标题组成,而各个标题又由主要关键词构成。一个合格的目录,应该达到以下目标:首先,逻辑和结构应该清晰明了,阅读目录可以初步获悉本学位论文的形成和发展过程;其次,目录应该反映学位论文的主要研究内容,通过大小标题的关键词,可以快速了解研究工作和重点;另外,目录的每个章节既相互关联,也可构成一个相对独立的小故事;最后,目录不宜过细,一般不超过四级,否则逻辑过于复杂,重点不突出,影响阅读效率。下面提供一篇复旦大学理学硕士学位论文的目录,供大家参考。

目录
中文摘要
Abstract
第一章　前言
  1.1　柔性储能器件
    1.1.1　概述
    1.1.2　柔性超级电容器
    1.1.3　柔性锂离子电池
  1.2　碳纳米管电极材料
    1.2.1　碳纳米管的结构与性能
    1.2.2　碳纳米管在超级电容器中的应用
    1.2.3　碳纳米管在锂离子电池中的应用
  1.3　取向碳纳米管电极材料
  1.4　本学位论文的研究内容
第二章　取向碳纳米管薄膜的制备与性能研究
  2.1　引言
  2.2　实验部分
    2.2.1　原料与试剂
    2.2.2　实验仪器
    2.2.3　实验步骤
  2.3　结果与讨论
    2.3.1　取向碳纳米管薄膜的结构
    2.3.2　取向碳纳米管薄膜的电学性能
    2.3.3　取向碳纳米管薄膜的力学性能
    2.3.4　取向碳纳米管薄膜的光学性能

2.4 本章小结

第三章 基于取向碳纳米管/导电聚合物的柔性超级电容器

  3.1 引言

  3.2 实验部分

    3.2.1 原料与试剂

    3.2.2 实验仪器

    3.2.3 实验步骤

  3.3 结果与讨论

    3.3.1 取向碳纳米管/导电聚合物复合膜电极的结构

    3.3.2 基于取向碳纳米管/聚苯胺复合膜的超级电容器

    3.3.3 基于取向碳纳米管/聚吡咯复合膜的超级电容器

  3.4 本章小结

第四章 基于取向碳纳米管/硅复合物纤维电极的锂离子电池

  4.1 引言

  4.2 实验部分

    4.2.1 原料与试剂

    4.2.2 实验仪器

    4.2.3 实验步骤

  4.3 结果与讨论

    4.3.1 复合纤维的结构

    4.3.2 新型纤维状锂离子电池

  4.4 本章小结

第五章 总结与展望

参考文献
攻读硕士学位期间的主要研究成果
致谢

(5) **主要符号表**　汇集论文中大量出现的非标准或非常用的符号和缩略词,以及自定义的分子代号等。这不是学位论文的必需组成部分,应视实际需要而取舍:若采用非通用符号和缩略语,为数不多,则不必设对照表;若数量较多,则应设符号对照表以方便读者。

(6) **引言**　引言的作用是向读者解释论文的主题和目的,帮助读者更方便阅读论文,了解课题的背景和意义。其主要内容包括:课题的应用背景或理论意义;相关文献评述,介绍本领域进展和发展动向;论文着重解决的问题。

引言可列为第一章,亦可不加章号。引言(Introduction),不应更名为"前言"(Preface)。两者涵义大不相同。文献综述在引言中占大部分篇幅,但引言不等于文献综述。

撰写引言部分应注意以下事项:

① 对前人的结果,要用流畅的语言概括和评述。不要大段直译照抄,使文体不伦不类。

② 对本领域进展与动向,要给出恰当评价。

③ 冗长的名词术语首次出现时须写出中文全名,后加括号标出英文全称和缩写,以后可用英文缩写。

④ 同一术语若有多种称谓(如电势/电位,反应速度/反应速率),全文应予统一。

⑤ 引用别人的插图要注明文献出处,要遵守规定,尊重知识产权。

(7) **正文**　正文是学位论文的主体,是体现其科技价值和学术水平的核心部分。正文的结构可因课题性质的不同而异;但均须合理划分章、节。以实验为主的学位论文一般包括"实验方法"和

"结果与讨论"两大部分。

① 实验方法部分：有独创性的研究技术路线，或较复杂的研究方案宜借助流程图来辅助说明；借助简洁美观的插图来形象地说明一般读者不熟悉的原理，可改善论文的可读性；标准仪器设备仅须标明其型号、厂家；通用或标准的实验、测试方法不必详细介绍，只须标明有关参考文献出处；自行设计的实验方法和装置应有详细说明和附图；如果后面章节与前面章节内容相似，尽量别再重复。必要时，可附上实验装置照片，尤其是非标准制备与表征装置。对于标准装置，特别是一些常用仪器如扫描电子显微镜，则无须提供，否则可能给读者留下不良印象，认为研究工作量太少，加上此类图片以增加学位论文的长度。

② 结果与讨论部分：实验结果是论文的关键，研究成败由此判断。全部结论和推论均以此为依据。实验结果部分可用表格、曲线、图解、照片等来辅助说明，帮助读者理解。对结果如无深入的分析讨论，只是研究简报，不算是科技论文。对主要实验结果要逐项探讨、判断分析。这是由表及里、由此及彼、从现象到规律、从感性到理性的提炼升华过程。

实验结果部分应有合理的文章结构（提纲）：依据可靠的实验数据，通过理论分析和逻辑推理，导出有价值的科学结论，并注意科学性、严谨性、逻辑性。注意观点与材料的统一，用明确的观点来统率素材。丰富的数据、图表要合理地组织。避免简单、杂乱的堆凑。论述的顺序、层次要符合思维规律，顺理成章。压缩或删除一些众所周知的议论，突出论证新发现、新观点。要引导读者思考结果，判断论断和推理的正确性。

论述工作要准确和明确，忌用隐晦、模棱两可的词语：不要制造"悬念"。分析、推理、判断要注意逻辑性和科学严谨性，绝不允许出现科学概念上的错误。评价、比较前人的工作时应实事求是，不要轻率地全盘否定，谈及前人不足之处时用词应委婉。因为在特定历史时期受学科发展水平和仪器能力的限制,可能得出片面甚至错误的结论,但科学的进步正是基于不断修正过去的研究工作。分析讨论部分不能偷工减料,要善于综合运用基础知识和先进的软件工具提高理论水平,使感性认识上升为理性知识。

对于正文的讨论,经常需要用到各种图表。大家要正确认识图表的作用,这样你才能更加有效地去组织图表,达到预期的目标。使用各种示意图和数据图的目的,一般起到展示和强调的作用。尤其对于理工科专业,材料合成路线图能言简意赅地展示核心创新点;电子显微镜照片可以非常直观地显示材料的基本结构和主要特点,而一些性能规律图直观反映了材料的优化切入点,这个时候图比文字更加让评审人信服。各种表格,则主要为对实验结果、数据分析等的总结,或者比较不同的研究方法、结构特点、性能优势、应用范围等。

(8) 结论 结论部分应该是有理论或应用价值的科学结论及恰如其分的自我评价。要求精炼、准确、严谨。未经充分证明的设想、推测和见解不能列为结论(不应出现"可能是""似乎是"等字眼)。如无扎实的结论不要勉强杜撰凑数。但是,当心不要漏过一条真正的结论(否定性的、负面的结论通常也是重要结论)。对成果和科学结论的自我评价应实事求是、含蓄和留有余地。论文全文均不应出现"首次出现""首次提出"及"国内领先"等不应在学术论文中出现的哗众取宠词语。

(9) 参考文献 参考文献的罗列建议采用顺序编码制。参考文献必须统一格式,最好统一按全文排列,不要分章排列,避免重复。所列的参考文献均须在正文中被引用过。

(10) 致谢 致谢对象限于在学术上对论文的完成有较重要帮助的团体和人士,以及资助论文工作的科学基金组织等。如无此类对象可不写,切忌罗列一大堆名单。用词应含蓄、恰当。不应过分为导师写赞美诗,避免庸俗化。

学位论文的致谢用语应规范,感情真挚,言辞恳切,不应千篇一律,体现作者的学术修养和文化修养。

(11) 个人简历、在学期间的研究成果及发表的学术论文 学术论文仅列已正式发表和已有正式录用函的,并应分类列出:(1)已在学术期刊上发表的;(2)已被学术期刊录用的;(3)已在国际或全国性学术会议上发表的。

(12) 附录 附录可包括不宜列入正文的冗长公式推导、辅助性数学工具、重复性图表、不能列入"主要符号表"的复杂有机化合物分子式、自编的计算机程序及说明等。

4. 学位论文常见问题

(1) 论文结构、格式不符合规范 各部分的名称、顺序、长短、版面、字体不严格遵守规定;科技名词、术语、计量单位、曲线、图表不符合中文论文的通用规范,同一化合物的多种称谓混用,不同单位制的计量单位混用,中英文混杂等。常见的称谓混用如纳米、nm、Å、摩尔、mol、Mol、M、N、kJ、KJ、Kcal、Pa、帕斯卡、大气压、mmHg、小时、hr、hrs;mg/升、毫升·sec^{-1}、滴/min,等等。

数据表、曲线、插图的格式也须根据学校的要求予以统一,示例参见表 10-1,图 10-1。

表 10-1 化合物 X、Y 和 Z 的吸收光谱和 ^{31}P-NMR 特征

化合物	溶剂	λ/nm	$\delta(^{31}$P-NMR$)$/ppm
X	DMF	418,448,600,632,636	−202.6
	DMSO	418,450,602,634,652	−202.8
Y	DMF+OH$^-$	420,438,450,592,618,656	−191.2
	DMSO+OH$^-$	422,438,452,594,618,660	−189.4
Z	DMF+H$^+$	418,448,464,606,632,656	−201.5

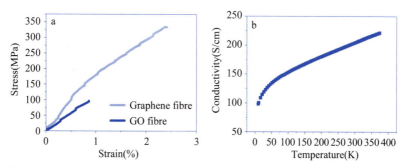

图 10-1 (a)氧化石墨烯和石墨烯纤维的应力-应变曲线。(b)石墨烯纤维的电导率随着温度的变化曲线。

(2) 引言写作的各种问题　课题的背景、意义交代不清楚、不确切；文献评述未紧扣研究目标；平铺直叙，重点不突出；克隆师兄师姐论文，内容、观点均无新意，且不论对错，一律照抄；文献调研欠深入（开题后不再继续跟踪新发表的文献）；随意给出口气大、"没商量"的论断，却无令人信服的论据；不严谨、不严密、概念错误时有出现等。

(3) 正文结构中章节、段落安排不当　未经提炼组织，直接用发表过的论文组装，切记"Dissertation $\neq \sum$ (Published papers)"！分节的层次过多（如 3.2.6.2.2 反应机理，多达 5 级小标题），使论文支离破碎。段落过长或过短，例如，过长一个自然段长达一页半，过短的一页包含自然段竟多达八九个。

(4) 名词术语中英混杂，人为增加阅读困难

(5) 行文口语化，词不达意，文理不通，病句错句多　下面举例说明：

一次实验合成成千上万种化合物已不是<u>理想</u>。目前存在的问题是遴选技术的发展跟不上合成技术的发展，将来这一

问题一定会得到解决,那时,打个比方来说。寻找一种理想的药物就如同从一个飞镖盘上往下拔中标的飞镖一样容易。

以上表述口语色彩太浓,还有夸大其词的毛病。宜改为:

在一个反应体系中同时合成出十数种长度不同的系列寡聚多肽已不再是空想,关键是目前的遴选技术尚未能跟上要求。一旦这个问题得以解决,肽类新药的设计和筛选就可望更加得心应手。

光疗过程比较复杂,既涉及原初光化学反应,又涉及后续暗反应。对于化学工作者来讲,当务之急是如何提高光敏剂的效率。

以上表述口语色彩浓,逻辑、哲理性差。宜改为:

光疗过程十分复杂,既涉及起始阶段的光化学反应,又涉及后续的暗反应,以及随后的一系列生物、生理效应。其中,光化学反应起着主导作用。为提高疗效,降低施药量以减小可能的副作用,化学研究的首要任务是设法最大限度地提高光敏剂的效率。

其次,光疗的化学基础是生物分子的光敏损伤,为了在分子水平上深入了解生物体的光敏损伤,需要建立合适的化学模型,简化次要因素,切入要点,将目前分子水平实验、细胞水平实验和体内体外实验的结果联系起来。

术语欠地道,达意和哲理性欠佳。宜改为:

其次,光疗的化学基础是生物分子的光敏损伤,这一过程亟待在分子水平上深入探讨,这就需要建立合理的微观模型,将影响化学过程的各种复杂因素分清主次,作适当简化,推断出合理可信的反应机制,力求使分子水平、细胞水平的实验,以及体内、体外临床试验的结果获得一致的理论解释。

(6) 用词不当,论述、推理欠严谨

滥用形容词最高级是学位论文中常见毛病。下列句子都经不起推敲,有的论断甚至是荒谬的,比如:…DNA 和 RNA 是最重要的生命物质,它们记录了生命的全部遗传信息;蛋白质合成是最重要的生命过程;激发态是原子、分子存在的最重要形态。

以下则是病句和信口开河的实例:

> 从上可以看出磷在组成生命基本物质前生物条件下的起源中起着十分重要的作用,而且 N-磷酰化氨基酸的确作为史前含磷和氨基酸分子存在于原始地球……

文字不通顺;"史前"和"原始地球"不同,说"的确存在",有何证据?

> 这个在磷水平上对简单条件下的成肽反应和成核苷反应的统一,也应该为生命物质早期起源提供一种有意义的新途径。

你是上帝? 能为生命起源提供新途径?

> 就光敏剂的种类而言,酞氰化合物是一类很有希望的优秀光敏剂。

仅是"很有希望",就不能称为"优秀"。

> 众所周知,$^1O_2$ 在 D_2O 中的寿命是在 H_2O 中的 10 倍。

滥用"众所周知",其实知道者有几多?

> 已合成了具有较高纯度的物质,如胶片、纤维、涂料等。

这些材料都是混合物，有何纯度可言？

以下是措词不当和逻辑欠严密的另一些例子：

  酞菁类化合物的分子由于整个共轭环基本上在同一平面内，因而具有较高的分子对称性。

平面分子与高对称性间无因果关系。宜改为：

  酞菁类化合物的多环共轭骨架为共面结构，其中许多分子还具有较高的对称性。

  真正合乎理想的敏化剂应同时具有较高的敏化效率，对光照的稳定性以及在不同溶剂中有适当的溶解度。

论述欠准确，后一句文理欠通。宜改为：

  合格的医用光敏剂应兼备较高的光敏效率和光照稳定性，以及适当匹配的水溶性与脂溶性。

(7) 图表质量低、组织混乱 所有的图表应该统一格式。比如，编号标识都用不带括号的 a、b、c、d。因为大部分学术论文都以英文发表，学位论文中的图表都可以统一用英文，但如果可能，统一用中文更好。如果图表中文字标识为英文，图释中对缩写的关键英文词语用中文解释。如果出现跨页的图和表格，应重复其编号，并要带有"续"字（如续表1）。

(8) 符号使用混乱 所有市制单位如斤、尺、里、亩等已停止使用。考虑到我国实际情况，对以农民为主要读者的书刊，土地面积单位用公顷时可以括注亩，如 30 公顷（450 亩）。除公斤、公里、公顷以外的"公"字头单位，如公尺、公升等都应废除。在教科书中，一般也使用公里、公斤。英制单位必须废除，有时科技书中因为特殊需要仍然用到某些英制单位时，一是应该把名称写对，如英寸、英尺、英里等不要写成吋、呎、哩，二是注明与法定计算单位的换算关系。

常见已废弃单位与正确单位的对照表

正确的		已废弃的	
单位名称	符号	单位名称	符号
牛[顿]	N	千克力	kgf
帕[斯卡]	Pa	标准大气压/毫米汞柱	Atm/mmHg
帕[斯卡]秒	Pa·S	泊	P
立方厘米	cm^3	西西	cc
焦[耳]	J	卡	cal
千瓦[小]时	kW·h	度	
瓦[特]	W	马力	
安[培]每米	A/m	奥斯特	Oe
特[斯拉]	T	高斯	Gs
摩[尔]每升	mol/L	当量浓度	N

(9) **头重尾轻,讨论分析肤浅,理论性不高** 只有实验(计算)结果,无深入讨论分析只是"研究简报",不是论文。学位论文不应是研究简报的汇编,学士、硕士、博士论文的区别不应仅在页数的多少。化学成键、化学结构、反应机理的讨论不应仅停留在"猜测"、"可能"的层次。有的博士论文,结果讨论只用三四行敷衍了事。

(10) **结论和摘要雷同** 结论并非摘要,更不是详细摘要,不应包含不属于结论的词句,不要简单罗列成果,要突出通过研究所得到的创新性的结论。

(11) **措辞不当,错、漏字,标点符号错误** 用调不当,例如:
在材料科学领域,制备(prepare)对应材料,构建(fabricate)对应器件。

逗号和顿号混用,如:

碳管表面接上去的官能团一般有 OH,COOH,或 C=O,可提供 4-135 F/g 的赝电容。

应该改为:

碳管表面接上去的官能团一般有 OH、COOH 或 C=O,可提供 4-135 F/g 的赝电容。

很有必要开发高功率储存和能量释放的高倍率性能的超级电容器,以提供电动汽车,电车,风力蜗轮机,计算机和起重机等所需要的电力。

应该改为:

很有必要开发高功率储存和能量释放的高倍率性能的超级电容器,以提供电动汽车、电车、风力蜗轮机、计算机和起重机等所需要的电力。

(12) 排版混乱　因为插图和表格的原因,经常在页面的下端产生大量的空白区域,应尽量修改格式,灵活调整。比如,一般图表应紧跟在文字讨论部分的下方,尽量保持一致,但如果需要,可适当往后挪,或者前置。

(13) 尽量少用和不用英文缩写　应尽量避免使用英文缩写。尤其是不常用的英文缩写会影响论文的可读性,难于理解,如:

与其他碳材料如 AC,CDC(Carbide Derived Carbon)和 ZTC (zeolite-templated carbons)相比,CNT 具有较高的导电性以及开放的孔道结构,与 AC 相比具有较低的等效串联电阻(ESR)。

这里 AC 无说明。Carbide Derived Carbon 首字母要小写,给出中文解释。ESR 无须说明要多替读者着想,使文章易于理解,增强可读性。

5. 论文写作基本步骤

(1) 与导师至少当面讨论三次　第一次,确定论文内容、结构和思路,得到目录:

目录
第一章:引言
第二章:实验部分
第三章:研究项目 1(已经发表)
第四章:研究项目 2(正在审稿)
第五章:研究项目 3(论文写作中)
第六章:研究项目 4(数据整理中)
第七章:结论
参考文献列表

第二次,确定写作计划(下面以两个月得到初稿为例说明):

第一周:完成第二章即实验部分
第二周:把发表的论文改写成第三章
第三周:把投稿的论文改写成第四章
第四周:把正在写的论文改写成第五章
第五周:把正在整理数据的论文改写成第六章
第六周:完成第七章,即结论部分
第七周:完成第一章,即引言
第八周:形成完整的学位论文

第三次,论文初步完成后,讨论是否需要大调整。

在初稿完成后,可能某些数据、图表等信息和内容经过整理后需要修改或添加,结构方面也可能需要适度调整,经过讨论后即可基本定型,在此基础上再进一步修改和润色。

(2) 准备工作　撰写学位论文的准备工作包括以下六个方面:

① 考虑研究结果的最佳表现方式。

② 将数据制作成规范、格式统一的图表。

③ 广泛参阅近几年相关领域的学位论文,尤其是本校的,选择自己最喜欢的格式,直接使用或者适当修饰,然后按照此格式统一全文,避免格式混乱或占用太多时间。

④ 针对每个章节,写梗概,包括标题、小标题、图和表的标题、其他关键信息。

⑤ 根据梗概把任务分解,逐步填入数据,并非总是按照先后顺序,可以跳跃式输入信息。

⑥ 反复修改后定稿。

不能把研究论文简单拼凑成学位论文的一个章节,而应按照以下要求修改。首先,改写研究论文的背景介绍,使整个学位论文的风格保持一致,并避免各个章节内容的重复。接着,对实验部分相应简化,因为第二章已经系统介绍了,但不能太简单,必须具有可读性,即读者能获知主要信息。然后,更新参考文献,现在学科发展迅速,必须补充最新文献。最后,需要避免重复使用类似甚至相同的图表,比如使用材料的电镜照片,可能都差不多,用一次就行了。当初投稿时因为篇幅限制或者各种原因,有些图和数据投稿时没有使用,改写为论文章节时可以加进去。

(3) 精心写作　段落不宜过长过短;注意上下文承接;注意语法修辞。行文简练,语法正确,重点突出。在严谨中见变化,周密中有曲折,简洁有力。

(4) 仔细推敲,反复修改,精益求精　初稿完成后,放一段时间,尽量忘却,然后仔细修改。可以让导师修改,请同学尤其是同期毕业的同学互相修改。

一般来说,有些地方如参考文献,有平常的积累的结果,直接链接进去,修改时不用再管。理工科研究生、部分人文和社会科学的研究生,实验部分的内容在平常做研究的同时,已经写好,一旦成稿也不需要很大的改动。改动最大的部分,是每个章节的引言和讨论部分,当然也包括了第一章的文献综述。通过过去几年的研究,对学位论文起到奠基性作用的科学问题,往往并不是刚开始研究所设想的那样。所以,最后一年写的文献综述,已经和第一年的情况有很大差异。如果几年后努力研究得出的结论,跟最初猜想完全一样,某种程度上倒是令人担忧的。因此,需要不断修改引言和讨论部分,甚至彻底重写,可以让学位论文更加有条理,逻辑过渡更加自然严密。

有一些经常的错误,要努力避免它们:

不要拖到最后一刻。一定要制定详细可行的计划,留出充裕的时间对付各种意外情况,包括装订论文的时间都应该事先安排好。

不要含糊其辞。不要期望通过模棱两可的语句来逃避问题,评审人一眼就能看出来。

不要将问题简单化。当然,也不要把问题搞得过于复杂。读者是资深的专业学者,如果把问题简单化,他们会认为你没有充分意识到本研究领域的复杂性;但如果把问题搞得太复杂,他们又认为你不具有科学归纳和良好写作的能力。要恰如其分地提出问题,逻辑清晰地解决问题,科学合理地得出主要结论。

不要使用自己都不确定的专业词汇或者套话。大部分评审人知道的往往比你多,错误使用它们会让人留下浮躁的印象。

二、学位论文评审与答辩

在学位论文答辩时记住三个重要法则:不要说谎,不要故作幽默,不要惊慌失措。

1. 评审标准

一篇好的学位论文应该是:基于原始的数据,通过正式的写作方式,在一定的长度范围内解决某个问题或者阐述一个新的现象;通过完整而有效的数据作出解释或结论;完整、系统而深入的分析是学位论文的核心;结论必须得到文献或申请人提供的原始数值的支持;所有的结论从科学和逻辑两个方面都必须是正确的,不能基于推测或假设;学位论文不是实验室日记,必须围绕某个主题展开并有效控制它;学位论文也不是已研究论文集;撰写学位论文就像写一本书,可以利用发表的研究论文作为核心数据,但学位论文本身在阐述和逻辑上必须是紧凑、孤立的。学位论文是给别人看的,应该始终站在读者的角度上写作,要多与导师和合作者讨论,也多让实验室其他人帮助提供意见和建议。下面两表分别是我国自然科学类及社会科学类优秀博士论文评价指标。

我国优秀博士论文评价指标(自然科学类)

一级指标	二级指标	评价要素
选题与综述 20%	论文选题的理论和现实意义(60%)	选题为学科前沿,具有开创性,对国民经济、科学技术发展具有较大的理论意义和使用价值,研究方向明确
	对本学科和相关领域的综述与总结(40%)	综合、全面地反映该学科及相关领域的发展状况,归纳总结正确

续 表

一级指标	二级指标	评价要素
论文成果的创新性 60%	论文在理论和方法上的创新性(60%)	探索了有价值的现象、新规律,提出了新命题、新方法;纠正了前人在重要问题的提法或结构的错误,从而对该领域科学研究起了重要的作用;创造性地解决自然科学和工程技术的关键问题
	创造性成果及效益(40%)	在校期间在国内外重要刊物上发表与论文相关的若干篇文章,被国际著名检索 SCI、EI、ISTP 收录;出版专著,获得较高奖励;论文成果创造了较大的经济效益
论文体现的理论基础、专业知识及科研能力 20%	论文体现的理论基础和专业知识(40%)	论文体现出作者在本学科及相关领域坚实宽广的理论基础和系统深入的专门知识
	论文体现作者独立从事科研的能力(40%)	具有很强独立从事科研工作的能力;采用先进技术、设备、方法、信息,进行论文研究工作;论文研究的难度较大,工作量饱满
	写作与总结提炼能力(20%)	论文语言表达准确,层次分明,图表规范,学风严谨;善于总结提炼

我国优秀博士论文评价指标(社会科学类)

一级指标	二级指标	评价要素
选题与综述 20%	论文选题的理论和现实意义(60%)	选题为学科前沿,具有开创性;具有较大理论意义和较大现实意义,研究方向明确
	对本学科和相关领域的综述与总结(40%)	综合、全面地反映该学科及相关领域的发展状况,归纳总结正确
论文成果的创新性 60%	论文在理论和方法上的创新性(60%)	填补人文、社会科学理论研究空白,在本科学领域达到或接近国际先进水平或国内领先水平;运用新视角、新方法进行探索、研究,有独到见解,并在相关领域取得突破性成果
	创造性成果及效益(40%)	在校期间在国内外重要刊物上发表与论文相关的若干篇文章及出版专著,获较高奖励;论文具有较大社会效益,对文化事业的发展、精神文明建设具有较大的促进作用;论文成果具有较大实用价值,为政府宏观决策提出有战略价值的政策性建议
论文体现的理论基础、专业知识及科研能力 20%	论文体现的理论基础和专业知识(40%)	论文体现出作者在本学科及相关领域坚实宽广的理论基础和系统深入的专门知识
	论文体现作者独立从事科研的能力(40%)	分析方法科学,引证资料丰富、准确,论文研究难度大,研究深入,体现出作者具有较强的独立从事科学研究的能力

续 表

一级指标	二级指标	评价要素
	写作与总结提炼能力（20%）	论文材料详实,结构严谨,推理严密,逻辑性强;文字表达准确、流畅;学风严谨

2. 学位论文函评

校外评审专家往往是学位论文主题领域的权威或资深学者,他们以批判的眼光来评价学位论文。一般会逐字逐句地阅读,所以无论是学位论文的创新性和科学性,还是图表的严谨性和语言的正确性,都必须认真对待,确保每个细节都没有问题。甚至在排版上,也要努力做到整齐美观,比如图表颜色和文字大小全文统一,同一张图或者表尽量出现在同一个页面上,页面下面不要留太多空白,等等。

博士学位论文包括了明审和盲审两个环节。一般来说,担任明审的校外专家都是导师的熟人甚至朋友。如果学位论文特别优秀,导师可能会建议本领域最权威的专家或者非常挑剔的专家来评审,一方面提高研究工作的影响力,另一方面听取批评意见,以激发团队做出更好的成果。不管校外评审专家的意见如何尖锐,因为论文质量明显高,所以不会"毙掉"。如果论文质量一般,导师一般会建议送给比较温和的校外专家评审。因此,在明审环节只要认真写好学位论文,跟导师保持良好的沟通和关系,往往都是能通过的。但是,在,盲审环节校外专家是研究生院随机抽取的,所以评审时完全看论文本身的质量,而不是你多么善良或者多么刻苦。论文至少看起来像是专业人士的作品,务必注重细节和学术规范。

3. 学位论文答辩

(1) 意义　学位论文的写作及答辩,是对研究生的综合性考查。毕业论文的撰写,可以促使学生将所学的各种专业知识综合运用起来,联系实际,分析问题,解决问题,实现由知识向能力的转化,达到提高学生素质、培养合格人才的目的。学位论文答辩是学位论文工作的最终环节,是审查学位论文优劣的重要形式,也是保证学位授予质量的有效手段。

学位论文答辩是一种有组织、有准备、有计划、有鉴定的比较正规的、审查论文的重要形式。答辩目的是检验真实性、检验学术水平、评价优缺点、鉴定成果、发现人才、商讨问题。

高等院校和科研机构组织毕业论文答辩,是为了进一步考查和验证学生对所著论文的论题的认识程度和现场论证论题的能力;进一步考察答辩学生对专业知识掌握的深度和广度,审查毕业论文是否独立完成等情况。学生的目的是通过论文答辩,按时毕业,取得毕业证书。答辩是研究生学习生涯的重要历程,特别富有现实意义和纪念意义。答辩一般包括以下程序:

> 导师介绍情况及推荐意见。
> 主席或书记员宣读外审结论。
> 学位申请者陈述。
> 答辩委员会委员提问。
> 回答问题。
> 答辩者退场、委员评议、投票表决。
> 宣布答辩结果。

为了确保学位论文答辩成功,在举行答辩会前,校方、答辩委员会、答辩者(撰写毕业论文的作者)三方都要作好充分的准备。

(2) 结果　答辩有四种可能的结果,或者说评审人有四个主要的选择。

① 直接通过:自然是一个让人心情舒畅的结尾。一般来说,答辩的过程是非常紧张的,但通常都以直接通过而结束。评审人考虑如何把握进度的问题。他们主要出于学校程序或者礼节需要,问一些相关的专业问题,可能也会指出格式或者文字上所犯的一些小错误。

② 小修改而通过:评审人发现论文存在一些致命的专业错误,需要立即做必要的修改。评审人出于他们学术声誉的考虑,在和导师商量后,会建议做必要的修改。跟直接通过答辩的情况相比,小修改的情况往往是研究生犯了极其重大的错误,需要导师非常小心监督来确保达到要求。

③ 大修改后通过:一些章节的数据出现重大问题,比如方法错误,需要重新全面核对,时间也很难确定。这种情况几乎没有听说过。

④ 不通过:评审人认为学位论文完全没有达到毕业要求,比如数据完全错误,甚至学术失范。在通常情况下,这些案例由研究生完全不听导师建议导致。这种情况也极少发生,因为如果出现这种情况,导师就不会组织答辩活动的。

在答辩会即将结束的时候,评审人通常需要互相商议,以达成一致做出决定。他们会礼貌地让你离开,当你在走廊里紧张地走来走去的时候,评审人会做他们该做的事情。评审人做的事情就是做出答辩决定并撰写答辩决议。如果你的学位论文是明确的通过或者不通过,那么他们会明确表态。如果大家达成共识需要你做些修改,他们会列出一张清单,这种情况很少发生。

(3) 答辩前准备工作　一般来说,在答辩前一周,重新通读一遍学位论文,熟悉更多细节。也可以组织一次模拟答辩,比如利用课题组组会的机会,请所有团队的老师和同学听试讲一次,并回答他们的提问。在答辩前一天,必须清楚答辩的时间、地点、专家等信息。另外,不要在前一天晚上喝酒。确认了解所有评审人的姓名、头衔和研究方向,知道如何回答他们提出的问题。

(4) 答辩注意事项　答辩的结果只有通过和不通过,而大多数评审人都希望你通过的。不需要完美,但必须具有足够的能力。

答辩中需要做到:表现出对学术系统和科学研究的尊重;表现出自己精通这个领域的专业知识;证明研究工作是相对独立完成的;热情回答问题。

答辩进展不顺利的情况往往有:态度上认为答辩就是走过场,总是会通过的,没什么大不了;对于任何有关工作,回答都是"导师让我做的";回答时只用简单的一个词语;态度极端傲慢无礼;答辩过程中让人明显感觉到对专业和工作毫无兴趣;无法清楚介绍研究工作;对评审专家无礼如直呼其名。

不要把时间浪费在揣测评审人的心理上。

打动评审人有一些技巧,供大家参考:

> 答辩前高度重视并精心准备,包括着正装。
> 认真聆听,准确理解问题并言简意赅回答到位。
> 必要的目光交流。
> 表示出对科学研究和学位论文工作的高度热情。
> 放在一个更大的背景下看待自己的工作。
> 在回答问题时,能够直接指出问题针对的是第几章第几段,非常熟悉自己的学位论文。
> 能够清楚说出贡献的本质,实事求是。
> 除了现在的学位论文,对于本领域未来的研究工作具有前瞻性思考,并能提出创新性的建议。

对于学位论文,知道哪些方面还可以再提高以及如何提高。

对于导师和合作者充满感激,具有感恩的心。

在答辩过程中,战胜紧张情绪的方法:

暂停一下,有思考的时间,但不要太长。
深呼吸,有利于稳定自己的情绪。
喝一点水,一般桌子上都有的。
在回答问题环节,可以做些笔记来降低节奏。

如果没有听懂某个问题或不知道答案,可以采取下面办法:

让评审人重复一下问题,他们有可能在重复时把问题简单化,甚至在重复问题的时候,可以适当参与讨论;

给评审人转述一下问题,比如"我想您问的是一个关于太阳能电池稳定性的问题,那么答案就是……"。

给一个选择性的解释,比如:"我不完全清楚您说的是 X 还是 Y,您能确认一下吗?"

给问题提供一个解释,比"我不知道"要好得多。但是,只能做一到两次。

以下是关于如何成功答辩的几点建议:

克服论文答辩最大的困难是:评委有备而来,而答辩者必须当众马上回答。

按照三步回答问题：

第一步：仔细倾听。不要自以为是，听了一半就马上回答，专家可能"显摆"，先讲自己的见解，最后才提出问题。

第二步：简洁并礼貌地弄清问题。首先重复一下专家的问题，确定听懂了；然后收集最好的证据。

第三步：回答问题。碰到无法回答或者不懂的问题，如果无法全部回答，但一定努力回答其中一些方面，态度要好，谨小慎微，不要绕弯子。虽然听众不清楚，但专家能听出来，学术界最忌讳不懂装懂、胡说八道。

第十三章 就业与发展

> Science is a wonderful thing, if one does not have to earn one's living at it.
>
> ——Albert Einstein

研究生获得学位并毕业,是其人生道路的一个重要里程碑。它既是一段学习过程的结束,同时也是新发展的开始。此时面临着人生的重大选择,而选择决定未来。每个人对于未来的构想不尽相同,所选择的发展道路也各不相同。研究生毕业时,究竟如何选择今后的事业方向及发展道路,是一个需要慎之又慎的问题。此时应该首先列表回答以下三个问题:与同龄人相比,长处和短处有哪些?未来的资源和短板主要集中在哪些方向?兴趣或是特别讨厌的是什么?综合分析自己的优势、资源和兴趣,构建出基本的选择范围,在此基础上再回答以下两个问题:在学术界、工业界或者其他行业?在国内还是国外?只有充分考虑这些问题并得出明确的答案,才能正确指引自己选择的方向,制订真正适合自己的就业方案。

一、硕士研究生的选择

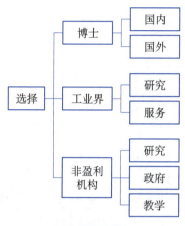

硕士就业路线图

1. 选择一：走上博士求学之路

对于一个对科学研究充满浓厚兴趣并掌握一定基础及相关资源的硕士毕业生,继续深造攻读博士学位无疑是一条前景广阔的康庄大道。尤其是近年来,特别是在国内,科学研究发生了如下一些新变化:相对丰厚的薪酬,未来多元化的发展路线,比其他行业可能更容易获得有影响力的成果。这些变化很大程度上免除了科学工作者的后顾之忧,使他们更能心无旁骛地开展科学研究,促进科学工作的可持续发展。

攻读博士学位,可选择国内、国外两种方式,二者有相似也有区别。相似之处在于:学术资源和信息同样畅通方便,学术交流频繁;在待遇方面已经没有明显区别,都能衣食无忧但也难有富余;发展空间在普通大学可能还有区别,但在一流大学已经基本差不多;目前国内外科研都开始变得功利,科研已经越来越偏离原来的航向,都必须在一定程度上调整心态。区别在于各有优点。国外学习的优点:国外顶尖课题组科研水平仍远远超过国内,但数量很少,并且主要集中在一批比较资深的科学家中,拔尖的青年教授或者有希望拔尖的青年教授非常少;可以更多接触不同背景的教授和同学,多元文化能更有效开阔大家的视野;学习的同时可游览海外美景,增加人生阅历。国内学习的主要优点:积累国内人脉,网络很多时候比实力更重要,特别是对于以后有志于国内发展的同学;及时了解国内发展现状,更有利于找准发展机会,做出更有利于自己的选择。具体究竟如何选择,则因人而异,因势而利,各有利弊,不能一概而论。

2. 选择二:进入工业界

工业界包括与研究和与服务相关的行业。与研究相关的行业:跨国公司研发部门的技术人员,在一个小的团队里从事具体实验支持工作,上升空间比较小;小公司的产品开发,一般模仿市场已有产品。与服务相关的行业:从事产品销售和技术支持工作;进入非专业相关领域如银行等,不直接用到研究生专业知识,但很多做项目的思路可借鉴。

3. 选择三:进入非盈利机构

非盈利机构大致可分为三种,即与研究相关的机构、政府机构以及教学工作相关的机构。与研究相关的非盈利机构包括为政府机关提供政策咨询和服务;专利局等非盈利机构从事技术研究工作。进入政府机构则有与专业相关的公务员和普通公务员两种。教学工作包括大学辅导员(或相关职位)和中学教师。

二、博士研究生的选择

博士研究生毕业时可以有以下选择。

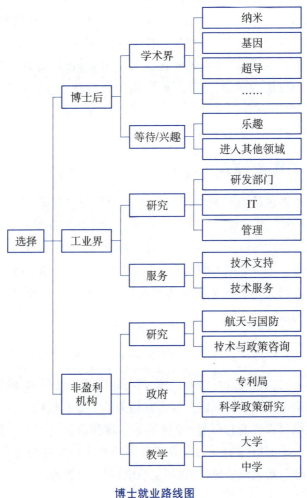

博士就业路线图

1. 选择一：博士后

博士后是科学家成长的最重要的环节之一。研究生获得博士学位，有如取得驾驶执照，拿到驾驶执照并不等于会开车。真正独立的科学研究工作，是在进入博士后阶段开始的。博士后是成为一个独立科研工作者的重要阶段。利用这个阶段学习新技术，开辟新方向，为日后研究工作打好基础。一般学校都规定，博士毕业后必须做博士后才能担任教职。

现在高校都很看重申请人在博士后期间有无新的发现和在新的研究方向上开展工作。对于一个科学家而言，不断学习新东西，开辟新研究方向是科学家素质的最重要部分。如果只是研究一个课题和方向，一般来说前途有限。

对于真正喜欢科学研究工作的人来说，选择做博士后，与博士学习相比可以更多更好地享受科研的乐趣，也是以后进入学术界的必由之路。选择研究方向至关重要，选择热门领域如能源、纳米、超导、基因等或是非热点领域，一定要从长期发展的视角认真思考。

博士后也可以是一个过渡阶段，通过博士后研究，判断自己是否适合走学术之路，或是暂时没有找到理想的工作，也可以边做博士后边寻找适合自己的工作。

2. 选择二：工业界

与硕士毕业生相似，博士进入工业界也有研究工作和服务工作两种方向，但与之相比职位级别更高，发展前景也更好。研究工作包括跨国公司如杜邦、通用电气、通用汽车、IBM、Intel、默克尔、陶氏化学等有一流的实验室；既有基础研究又有应用研究，但相对大学来说自由研究的机会更少，很多人会在5~10年走上技术管理岗位；大型国企和民企也有越来越多的研发工作机会。服务工作则是在跨国技术公司或者大型国企以及在一些服务公司从事新技术咨询和支持工作,如上市公司。

3. 选择三:进入非盈利机构

博士进入非盈利机构,同样包括研究相关的工作、政府机构以及教学工作单位。研究相关的工作,如在航空航天以及军事机构从事重大项目导向的研究,或国家实验室以及中科院等下属研究所。进入政府机构可选择在专利局从事技术和政策调研或成为政府智囊。教学工作则包括大学专职教学工作或中学教师。

通过以上的就业选择,研究生毕业后进入某一行业工作一段时间后,还可以根据个人发展情况及意愿改变发展方向,再选择。再选择的方式也是多种多样的。从大学到工业界或者非盈利机构,无论是研究相关还是服务为主,都非常容易。在我国,大学的行政职称到其他机构同样适用。从非盈利机构到大学则基本不可能,但到工业界很容易,甚至非常受欢迎,如从专利局转至工业界。从工业界到大学一般很难,除非在大型公司从事高水平的基础研究,到非盈利机构也是可能的,但不多见,因为各自的文化不一样。

通过以上了解,研究生对如何择业应已基本心有定论,可以以此为指导开始寻找工作。

三、就业

1. 简历

什么时候开始找工作,时机很重要。一般提前半年,但不能一概而论,需要根据工作方向区分,博士后可以很早或很晚确定,非盈利机构招收新人员有专门的时间段,工业界一般在年底前后。

择业途径非常广泛,如向已毕业同学了解,广泛收集材料,阅读书籍,参加培训课,浏览网站,等等,都是有效的择业渠道和方法。在明确意向后,求职就从准备简历开始了。下面是一份简历模板供参考。

＊＊＊简历

地址：＊＊＊＊＊＊
电话：＊＊＊＊＊＊
邮箱：＊＊＊＊＊＊

教育背景
20＊＊.09－20＊＊.06　＊＊＊大学＊＊＊系本科
20＊＊.09－20＊＊.06　＊＊＊大学＊＊＊系硕士
20＊＊.06－20＊＊.06　＊＊＊大学＊＊＊系博士

荣誉与奖励
20＊＊.＊＊中国化学会青年化学奖

研究兴趣
＊＊＊＊＊＊

专著章节
1. 作者：＊＊＊;章节名：＊＊＊;书名：＊＊＊;出版社：＊＊＊;出版日期：20＊＊.＊＊。

论文情况
1. 作者,"论文题目",期刊名,出版年,卷号,首尾页码。

发明专利

1. 作者,"专利题目",中国专利,申请日期:20＊＊.＊＊.＊＊,授权日期:20＊＊.＊＊.＊＊,专利号:＊＊＊。

学术报告

1. 作者,"报告题目",会议名称,会议地址,会议时间。

2. 面试

如果简历在海选之中脱颖而出,用人单位就会以电话或者短信的形式通知参加面试。参加一个重要的工作面试经验可供参考。

(1) 像平常一样,来回踱步并仔细思考 人们通常在面试时都会感受到很大的压力,不幸的是咖啡和茶都对降低压力水平没太大的好处。准备面试,首先要做到:Be confident, and be yourself. 面试时常规问题好回答,如长期目标、优势/不足、薪酬期望等问题,都可以提前做好充分准备。面试时做一个好的倾听者也许比回答问题更难,边听边提问,别担心问错,保持放松的心态,有备而来,从容面对。

(2) 面试时穿着 面试时衣服有多种功能。一个功能是简单地显示出理性的社会技能,在需要的时候可以同外界有效沟通交流。有时候,在描述外表时也说诸如"他们穿着得体",这意味着他们在正规的条件下是完全专业化和体面的。

和其他领域相比,学术服装通常是宽松的,但是面试则不同。一般面试人员都会认为,着装反映了职业意识是否足够强,有时候甚至会反映是否重视这次面试机会,所以下面的一些细节,需要特别小心。

有一些面试人员会习惯性去看你的鞋子是否干净整齐。如果不是,他们会假设你是那种工作表现不好却想掩饰的人。

大多数被面试者都穿深色的衣服。如果在参加面试前不小心把饮料溅到衣服上了,或者是为了及时到达面试地点快速跑过满是泥水的停车场时把衣服弄脏了,深色衣服看起来就不明显。

一些面试要求是确定的,如被面试者需要打领带穿正装,所以最好做充分的准备,不要让衣服成为烦恼。

(3) 确认地址　到达面试地点后,尽快核对地址。比如,一些大学在城市的两端都有校区,可能走错地方,要提前联系确认,在哪里等候比较合适。

(4) 回答问题　例如,面试教职,通常要求用大概一个小时,先介绍研究工作和未来的研究计划。可能只面向面试小组的成员,也有可能是面向全系的教师或全体人员,所以有必要事先问清楚。在此之后,可能还有小型的面试交流活动,也可能小范围讨论,这时可能会被问到更加尖锐的问题,要有充分的准备,不要掉以轻心。

"你的旅行愉快吗?"这或者意味着"你可能感觉紧张,让我们慢慢开始吧"。

"能否请你简单介绍你的情况?"这个问题出于几个原因,比如提醒紧张过度的面试小组成员,确认你的身份;或者给你机会,用比较连贯的逻辑来描述自己。这是个很好的机会,可以总结为什么你最适合这份工作。

"你为什么申请这份工作?"可能意味着"为什么你如此坚决地离开现在的工作"。要非常小心回答,尽量使用比较中性的语言,不要贬低以前的工作,而是说明面试的工作更适合自己的发展,更能体现自己的长处。

"你的未来五年计划是什么?"这是个老掉牙的,确是一个送分的好问题,一定要把握好机会。它表明两件主要事情,即你是不是那种提前做计划的人,你的计划是否有利于院系发展。如果规划不好,或者方向不利于院系的发展,被录取的几率就会大大降低。

"如果被录用,你会教授什么课程?"可能的答案包括以下几个,按照从坏到好的顺序排练:

> 我?教课?
> 我还没考虑过这个问题。
> 一些和化学相关的专业课程。
> 能源材料与器件相关的吧。
> 我已经面向本科生讲授过电化学催化的课程,我攻读博士学位主要从事了锂离子电池方面的研究工作,所以我可以讲授储能材料、电化学、能源器件等方面的课程,我对它们也非常感兴趣。

在面试快结束时,你可以问问题,这有两个好处,一个是找到需要的信息,二是向面试小组证明,你足够聪明问出合适的问题,而且是足够好的问题,比如教学任务一般是什么,但是没有任何人愿意告诉你。沿着这个思路继续提问,表明你不懂这种游戏规则。可通过其他途径打听。包括待遇等问题,都可以等被录用后再问,通过这些问题同雇主谈判和斗争。要在短期内,在想要得到答案和引起面试小组反感的问题之间,权衡取舍。

四、发展规划

毕业后,通过就业选择,基本确定了发展方向,接下来需要制订发展规划,才能获得良好的发展前景,成就一番事业。以下重点谈如何在学术界发展。

如果想在学术界发展,制订发展规划时应了解并遵循以下规则：基础研究重在积累，没有多年连续性的工作很难取得突破性成果。在当前世界范围内科学研究竞争激烈的条件下，断断续续工作是不可能超越别人取得重大进展的。在科学上要有所成就，特别是重大成就，需要贡献自己的全部时间，仅靠每周 40 小时工作而没有废寝忘食地全身心投入的精神，不可能成为一个好的科学家；对于一个真正的科学家而言，第二职业是不可想象的。

要成为一名优秀的科学工作者，一定要勤奋，但是勤奋只是其中一个方面。科学研究是一种相当复杂的艺术，要讲究方法。如果认为只要多花时间就可以成功，那就大错特错了。对于懒人，我们需要大吼一声：不要偷懒；而对于特别勤奋的人，我们需要提醒他们智取，不能单靠蛮干，一定要保持清醒的头脑。

1. 重视科学直觉的培养

人们普遍认为，与国外学生相比，中国学生的长处是数理基础扎实。其实，大多数中国学生只是推导公式比外国学生快一点，而在物理概念上往往不太下功夫。论及数学，印度和俄罗斯学生不比我们差，但美国学生则特别重视物理概念。通过对一些科学史和著名科学家传记的阅读，我们能逐步意识到科学的直觉更为重要。物理直觉（physical insight）是一种超越常规死板的逻辑思维的、概念上的飞跃和创造，是科学创造发现的最重要的源泉。

蘑菇是一种真菌类植物。真菌的菌丝可以蔓延几米甚至十几米。这些菌丝一旦连成一片，便犹如一个巨大的网络，而我们所看到的蘑菇就破土而出。因而我们在地面上看见的蘑菇只是地下千丝万缕的菌丝的一个表面的集中反映。科学直觉的产生，也可能是源于大脑中的类似过程。由于长期的细心观察和思考，大脑中很多神经细胞存储了与科学有关的信息和兴奋点，而这些细胞和它们之间潜在的联系就有如菌丝，在某个强烈扰动（来自外界或内部的自生信号）下，这些潜在的意识在一瞬间联系在一起，犹如触电或雪崩。许多过去模糊的思索互相联结成一个清晰的概念,而这就是新的发现或是发明的种子。当然物理直觉形成后,还需要加以严密的逻辑推理,在客观世界中证实。

物理直觉在很大程度上是长期积累和锻炼的结果。一定要重视这种思维方式,并且不断培养和强化自己的物理直觉。一个具体的方法就是在读完一篇文章或一本书后,尝试把它的主要内容在头脑中形成一个概念或一个图样,成为自己形象思维的一部分,或者说直觉。一旦接触到类似的问题,马上可以把它和这种直觉联系起来。

2. 要有强烈的好奇心

科学研究是一个永久的观察、学习和发现的过程。人类对大自然各种现象的好奇心和求知的愿望,是驱动科学研究的基本动力。充满好奇心的孩子,一天会问几十个为什么,这可能是孩子为什么能很快地学会大量新知识的缘故。可惜大多数人在成年后失去了这种强烈的求知欲望,而中断了这种学习的过程。许多科学家成功的故事都证明了经常细心观察自然现象的重要性。细心的观察会使我们能够发现许多别人未发现的新的现象,而深入的思考又使我们在大脑中建立许多兴奋中心。这些兴奋中心的潜在的联系一旦连成一片,就可能导致物理直觉的创新。

3. 要善于把握学科的主流和新的方向

每门学科往往是由少数新的方向形成主流,而学科的主流会成为推动学科前进的主要动力。由于大部分精英汇集于这些主攻方向,众多科学研究工作者的合作和竞争就形成了一个万马奔腾的局面,从而推进了学科的迅速发展。因此,一个年轻的科学工作者,认清并且紧跟学科的主流是成功的捷径之一。

为了把握学科的主流,许多国家经常开会研究科学发展战略。

但是科学的发展常常是难以预测的。在科学的道路上,要开辟新的研究方向,除了勇于开拓的精神,也需遵循特定学科的发展规律和扎实的研究基础。青年科学工作者必须有胆量和勇气,跟上新开辟的研究方向,并在此基础上有所创新和突破。

看准新的研究方向,投入地坚持 5~10 年,才可能有所作为。人们往往以为"大专家"一定是专找难题做,其实不然。雄鹰飞得很高,但实际上大多数时间,雄鹰只在遥远的高空观察寻觅,看准一个容易捕获的猎物,然后迅速将它抓住。科学上有很多重要的难题,这些难题的解决会大大推动学科的发展,但是难题的解决常常要等待时机。数学上彭加莱猜想的证明就是一个很好的例子,正是由于日本、俄罗斯和美国数学家的一系列工作,为最后证明彭加莱猜想铺平了道路。我们做研究也应寻找那些切实的、有希望能够在近期突破的重要方向。

4. 要有扎实的基本功

仅有成功的渴望和思维上闪烁的光辉是不够的,一个新的思想要得以实现,还需要严密的科学手段来付诸实践。而这就需要有扎实的基本功,包括对基本科学现象的深刻理解,对实验技术的掌握,基本数学工具和计算机的熟练运用,等等,这些都要求我们在博士后等研究起步阶段就注意积累。另外,特别应当注意扩大知识面。由于科学的突飞猛进,只有一门特长往往不能适应新发展方向的需要。因此,从学生时代开始就应当有广泛的兴趣,利用各种各样的机会去接触和学习各方面的知识,力求触类旁通,博士后期间需要进一步加强。许多"外行"的科学家都是由于引进"外来"的知识,通过多种学科知识的融合从而开创了"柳暗花明又一村"的新局面。

5. 要有创造的欲望

光有扎实的基本功还不够,更重要的是要运用基本功去创新。比如,大家对高考状元或其他基本功很扎实的同学都很佩服,但却发现这些基本功很好的人后来并没有做出重大成果。这可能就是因为没能在创造上下功夫。创造的道路首先是来自创造的欲望。其实,创造的欲望是与生俱来的。当我们还是孩子的时候,就开始了创造,比如用积木架桥或房子。对于孩子玩积木,或者现在更流行的各种游戏,父母一般都不会反对。但是一旦孩子上学,事情就不一样了。大多数父母都望子成龙,而现在社会上的指标是简单化、数字化,简而言之即分数决定成败。孩子们的童年大部分是由父母亲来控制。可以说,大多数孩子在上了学以后,就进入了这个巨大的搅拌机。为了生存,孩子们失去了自己的天性。事实上,现存的以应试为目标的教学方法是一种可怕的制度。应试的学生,只会做选择题,不会独立思考,创造的欲望被扼杀在摇篮之中。创造是科学存在和发展的根基,一个人的创造活动,总是在产生和形成创造欲望之后才开始进行的。通过创造欲望来激发创造性思维,并努力将之付诸实践,才有可能得到创造性的研究成果。

6. 要勇于创新

科学研究的全部意义就在于创新,离开了创新,科学研究就没有生命力。创新包括了发现新的现象和自然规律,包括对前人研究成果的重大改进,甚至可能是否定。很多青年科学工作者往往不敢创新,认为那是"专家""老手"的事情。其实,"专家"们更是顾虑重重。因为创新往往包含一定的冒险性,有时还会有否定自己以前的成果。专家们怕出错,丢了自己的面子;年轻人又不成熟,怕别人笑话。种种包袱使得年轻人和专家们都畏缩不前。

创新所带来的喜悦和激情是对创造者最高的报偿。人们常说:"上帝给年轻人犯错误的权利"。因此,我们年轻的时候都应当勇于尝试,当然,大胆的创造发明必须与严谨的科学态度相结合。

"失败是成功之母",在科学创造的道路上失败和错误是经常出现的。爱因斯坦一生中也犯过许多错误,他的错误实际上也是推动科学前进的重要因素。

在科学发展的道路上,最重要的首先是提出问题。答案可能后来被证实是错误的,但是问题的提出是科学向前发展的第一步。

青年科学工作者们应该不畏失败,敢于提出问题,不断创新,才能有所裨益和收获,从而推动科学研究的发展。

7. 要有坚持不懈的精神

不切实际地宣传某某年轻科学家"一举成名",吹嘘所谓"天衣无缝""震撼世界"云云,造成一种"彩票"效应,使许多年轻人误认为科学研究也是一种彩票。既然一个穷人可以一夜暴富,那么一个没有学问的人不也可以一天之内摇身一变而成为大科学家吗?年轻人崇拜诺贝尔奖,梦想在 *Nature* 和 *Science* 上一举成名。这种把科学研究名利化的宣传和科学研究这个崇高的职业是格格不入的。现代社会在追名逐利的污染浪潮冲击下泥沙俱下,鱼龙混杂。有志于科学研究的年轻人一定要能耐得住寂寞。科学的道路漫长且充满艰辛,其过程可能清贫,可能寂寞,可能有许多不可预知的困难险阻,只有耐得住寂寞的科学工作者,数年甚至数十年如一日地坚持不懈,才能到达成功的彼岸。

8. 扬长避短

中国有句话叫"取长补短",这句话在科研上可能有点不妥。中指最长,把它切下来补到短的地方去,这样做似乎是很"齐"了,但这恰恰是一个误导。科学研究队伍千军万马,人才辈出。好不容易有点长处,不去发挥,却要去补那个"短",最终难免因一无所长而导致一无所得。但是,取别人的"长"补自己之"短",却是有效发展并最终成功的关键所在。"田忌赛马"的典故中,田忌的马在每一个档次上都不如齐王,但是他用自己的最好的马和齐王的次马比赛,最后以二比一得胜,即是遵循了扬长避短的原理。

有一个人在上中学的时候,同学有的说将来要当律师,有的要当艺术家,都是"非常崇高"的理想。而他从中学的时候就开始研究蚯蚓,在旁人看来蚯蚓有什么好研究的呢?他却默默无闻地研究蚯蚓,到他五六十岁的时候,世界上只有他为了小小的蚯蚓做了四十多年的研究工作,并且取得了很大的科研成果。虽然这是一个不起眼的研究方向,但他在这个科研方向上独树一帜地达到了最高境界。而且,研究对人类与自然环境的关系也起着非常重要的作用。我们应该充分结合自己的兴趣,发挥自己的长处,选择最适合自己发展的研究方向和道路。

9. 要集中精力,首先在一个小领域中做出贡献

青年科学工作者容易犯好大喜功的毛病,想在研究工作中全面开花,这种想法可能会导致挫折。北方有个笑话,叫"熊瞎子掰棒子"。愚笨而贪心的熊瞎子在玉米地里,左手掰一个玉米夹在右胳肘窝里,右手掰一个玉米夹在左胳肘窝里。那么,当熊瞎子从玉米地的另一头走出来时,它到底拿到了几个玉米棒呢?结果只能是"熊瞎子掰棒子,掰一个丢一个"。这个笑话隐含了很多的哲理,告诫人们不要贪多图快,否则将一事无成。要集中精力,先致力于在一个相对小的研究领域中做出成绩,力争成为这一小领域的专家,然后再将工作扩展到其他领域中。

参考资料

［英］吉姆·巴戈特著,李涛、曹志良译.完美的对称——富勒烯的意外发现［M］.上海：上海世纪出版集团,2005。

［美］特德·戈策尔、本·戈策尔著,刘立译.科学与政治的一生——莱纳斯·鲍林传［M］,上海：东方出版中心,1997。

［美］哈尔·赫尔曼著,范伟译.数学恩仇录——数学家的十大论战［M］,上海：复旦大学出版社,2009。

［美］J·迈克尔·毕晓普著,程克雄译.如何获得诺贝尔奖——一位诺贝尔奖获得者的学术人生［M］,北京：新华出版社,2004。

［美］S·钱德拉塞卡著,杨建邺、王晓明等译.莎士比亚、牛顿和贝多芬——不同的创造模式［M］,长沙：湖南科学技术出版社,2007。

卡迈什瓦尔·C·瓦利著,何妙福、傅承启译.孤独的科学之路——钱德拉塞卡传［M］,上海：上海科技教育出版社,2006。

黄旦圆著.大学者［M］,北京：科学出版社,2013。

杨振宁文集［M］,上海：华东师范大学出版社,1998。

［美］哈尔·赫尔曼著,赵乐静译.真实地带——十大科学争论［M］,上海：上海世纪出版集团,2006。

叶铁林,钱庆元编.探索科学之路——百年诺贝尔化学奖钩沉［M］,北京：化学工业出版社,2012。

中国科学院编.科学与诚信——发人深省的科研不端行为案例［M］,北京：科学出版社,2013。

罗志敏著.学术伦理规则［M］,北京：知识产权出版社,2013。

杨萍等著.高校学术道德与学术诚信体系建设问题研究［M］,成都：西南财经大学出版社,2015。

黄富峰、宗传军、马晓辉著.研究生学术道德培养研究［M］,北京：中国社会科学出版社,2012。

［英］萨拉·德拉蒙特、保罗·阿特金森、奥德特·帕里著,彭万华译.给研究生导师的建议［M］,北京：北京大学出版社,2009。

刘春燕、安小米编著.学位论文写作指南［M］,北京：中国标准出版社,2008。

[英]埃斯特尔·菲利普斯、德里克·皮尤著,余飞译.怎样获得研究生学位——研究生及导师指南[M],北京:中国人民大学出版社,2005。

[英]戈登·鲁格、玛丽安·彼得著,彭万华译.给研究生的学术建议[M],北京:北京大学出版社,2009。

[英]罗温纳·摩雷著,顾肃、燕燕译.怎样撰写学位论文[M],上海:东方出版社,2007。

Paul J. Silvia. *How to Write a Lot* [M], Washington: American Psychological Association, 2007.

Patricia Gosling, Bart Noordam. *Mastering Your PhD* [M], Berlin: Springer, 2006.